BEPS対応 移転価格文書化ハンドブック

Base Erosion and Profit Shifting

BDO
BDO税理士法人［編］

中央経済社

はじめに

　OECDのBEPSプロジェクトが公表したアクションプランの提言に基づき，OECD加盟国のみでなく非加盟国においても，移転価格文書作成に係る法令・通達の整備が進められております。一部の国においては，例移転価格文書作成義務の有無を判断する閾値（連結売上高や関連者間取引の金額）が，わが国の課税当局が定めた閾値よりも低く設定されています。親会社としてはCbCレポート，マスターファイルおよびローカルファイルをわが国の課税当局に提出する必要はないにも関わらず，海外子会社が所在地国の法令・通達により，それらの文書の全部または一部の提出義務を負うことになり，中堅企業であっても結局，大規模多国籍企業と同様な対応を迫られています。

　BEPSにより企業グループの移転価格文書化業務は大きな転機を迎えていると思います。すなわち，移転価格文書は大規模多国籍企業が移転価格調査を想定して自主防衛的に作成する文書から，海外子会社を有する法人すべてが作成しなければならない情報申告書となりつつあります。わが国の法人税確定申告書の別表には国外関連者の明細書（別表17(4)）がありますが，移転価格文書は実質的にはその追加資料という位置付けになるのではないでしょうか。今後は，毎期，コンプライアンス業務として移転価格文書を更新していくことが必要となりますので，移転価格文書をすべて外部専門家に任せるという体質から脱却することも検討すべきです。

　本書ではBEPS初年度として対応すべきポイントを解説するとともに，今後の更新におけるポイントについても解説しています。移転価格税制に携わる皆様のお役に立てていただければ幸いです。

2018年3月　　　　　　　　　　　　　　　　　　　　　　　　編著者

CONTENTS
BEPS対応 移転価格文書化ハンドブック

はじめに *i*

第1編 移転価格文書化実務対応 Q&A

- Q1 BEPS対応の移転価格文書作成前に確認すべきこと *2*
- Q2 移転価格税制への対応を適切に実施している企業グループの特徴 *4*
- Q3 独立企業間価格（ALP）レンジに入らない場合の対処方法 *6*
- Q4 文書化義務を負わない企業グループの移転価格文書の必要性 *10*
- Q5 「ALPを算定するために重要と認められる書類」とは何か *12*
- Q6 国税庁が開設する移転価格文書化対象取引に関する個別照会窓口 *16*
- Q7 国税庁が実施する移転価格文書化の企業訪問（巡回指導） *18*
- Q8 移転価格文書化の企業訪問（巡回指導）で指導を受けた場合 *20*
- Q9 海外課税当局等がCbCレポートに基づいて課税をした場合の対処 *22*
- Q10 国外関連者の所在国でマスターファイル等の作成義務が生じた場合の対応 *23*
- Q11 ベンチマーキングの企業グループ内での実施 *24*
- Q12 データベース提供会社が提供する標準的ベンチマーキングデータの有効性 *26*
- Q13 買収して子会社した企業グループの移転価格対応 *29*
- Q14 国外関連者間取引の移転価格税制への対応 *31*
- Q15 税務調査におけるローカルファイルの提出要請 *33*

Q16 BEPS対応の移転価格文書化義務導入後の税務調査対応方法　*35*

Q17 小規模事前確認制度（APA）の再検討　*38*

Q18 毎期のALPレンジのアップデートの必要性　*40*

Q19 関連者取引が複数ある場合の国外関連者の営業利益率の調整方法　*42*

Q20 ローカルファイル作成のタイミング問題　*44*

Q21 小規模外資系企業のBEPS対応方法　*47*

Q22 グループ内役務提供と対価の回収方法　*49*

Q23 わが国の課税当局向けローカルファイルと海外課税当局向けローカルファイル　*53*

第2編　マスターファイルおよびローカルファイルの作成ポイント　*57*

1 マスターファイルに記載する「主要商品の地理的市場概要」（措規22の10の5　2号ロ，ハ）は，製品グループごとに市場を地域分けして記載する　*58*

2 サプライチェーンの概要（措規22の10の5　2号ロ，ハ）は，国税庁が例示する取引フロー図を採用して一覧性を向上させる　*60*

3 国外関連者が現地課税当局にマスターファイルを提出しなければならない場合には，開示する情報の範囲を吟味する　*63*

4 機能の分析においては✔マークや○△×表示は止めて説明を簡記する　*64*

5 リスクの分析についてはなるべく具体的な数字や金額で表示する　*66*

6 マスターファイルとローカルファイルで重複する情報はクロスレファレンスで効率化する　*68*

7 課税当局のALPレンジの考え方に注意する　*70*

8 無形資産の分析は"DEMPE"に着目する　*71*

9 切出し損益はPS法を採用していなくても検討する　*73*

10 移転価格の価格調整金の活用を検討する　*78*

第3編　移転価格文書作成マニュアル　*87*

1 最終親会社等届出事項の概要　*88*

2 特定多国籍企業グループに係る最終親会社等届出事項等の記載要領（抄）　*94*

3 国別報告事項の概要　*100*

4 特定多国籍企業グループに係る国別報告事項の記載要領　*105*

5 国別報告事項を自主的に提供した場合の取扱いについて　*108*

6 国別報告事項（表1～表3）の記載要領　*109*

7 国別報告書による課税リスクについて　*119*

8 特定多国籍企業グループに係る事業概況報告事項（マスターファイル）の概要　*121*

9 特定多国籍企業グループに係る事業概況報告事項（マスターファイル）の記載要領　*124*

10 特定多国籍企業グループに係る事業概況報告事項（マスターファイル）の添付資料の記載要領　*127*

11 独立企業間価格を算定するために必要と認められる書類（ローカルファイル）の概要　*133*

12 独立企業間価格を算定するために必要と認められる書類（ローカルファイル）の記載要領　*137*

13 BEPS対応のために理解しておくべき移転価格事務運営指針参考事例集の事例（抜粋）　*181*

第1編

移転価格文書化実務対応 Q&A

Q1 BEPS対応の移転価格文書作成前に確認すべきこと

　当社グループでは，原則として重要な国外関連者との取引に関して現地のアドバイザーに委託して移転価格文書を作成してきております。ただし，関連者取引の中には，売上高営業利益率が15％に近いケースや，逆に営業損失を計上しているケースがあります，一般的な移転価格の算定方法である取引単位営業利益法（TNMM）では移転価格上の問題がないという立証ができないため，移転価格文書の作成を断念しているものもあります。これらの問題を解決しなければ先に進めないのですが，どのように対応すればよいでしょうか。

A　移転価格税制においては，納税者である企業グループに対してグローバルの所得配分が適正になることが要請されており，それを証明することが移転価格文書作成目的の１つです。移転価格文書を作成する以上，関連者間の所得配分が適切であることが重要です。貴社グループのように所得配分が歪んでいる可能性のある関連者取引については，まずそれを解決しなければ先に進むことはできません。

　グローバルの所得配分について移転価格上の問題があると思われる関連者取引については，まずそのリスクを数値化することが必要です。移転価格の更正リスクは，独立企業間価格レンジからどの程度乖離しているかを測定し，それに関連者取引の年間の取引金額を乗ずることで推計することができます。取引種類別に移転価格リスクを把握して，移転価格上の問題があると思われる関連者取引について優先順位を付け，取引価格の変更等の具体的な対策を講じていく必要があります。

　さて，BEPS対応の移転価格文書を作成することはコンプライアンス上とても重要です。BEPS対応の移転価格文書の作成義務を負う企業グループにおい

ては，万一，税務調査においてマスターファイルを作成していなかった場合のペナルティは罰金30万円です。しかし，それ以上に納税者としては常に法人税／移転価格の同時調査を念頭に置いて対応を進める必要があります。所得配分の歪みを解決できていない場合には，ローカルファイルの作成の有無に関係なく，移転価格調査が開始されてしまう可能性があるからです。

　ローカルファイルを作成していない場合，マスターファイルのような罰金のペナルティはありませんが，調査官により同業他社に対する反面調査が実施されたり，国外関連者取引に対して利益率等を推定されたりして課税されるリスクを負うことになります。このような反面調査や推定課税が行われた場合，比較対象企業や比較対象取引についての情報は，課税当局側は守秘義務があるとして原則として開示されることはありません。納税者側は課税当局が使用した情報について検証を行うことができず，税務調査対応上は非常に不利な立場となります。したがって，このような反面調査や推定課税を避けるために，所得配分の歪みが生じている場合には，早急にその原因を調査する必要があります。所得配分の歪みが生じている原因には，大きく分けて関連者間の取引価格が不適切である場合と，外部の経済要因による場合があります。まず，そのどちらであるかを明らかにし，具体的な対応方法を決定する必要があります。

Q2 移転価格税制への対応を適切に実施している企業グループの特徴

弊社グループにおいては，国外関連者との取引については国際事業部が管理を行っています。親会社側の業績を重視した事業方針であるため，国外関連者の経営成績は不安定です。グループ内では経理部門が課税当局への責任を負っていますが，説得力のある説明が困難と思われます。そこで外部専門家とのサポート契約を検討しましたが，予算上の制約等からなかなか承認が得られません。

移転価格税制への対応を適切に実施している企業グループは，どのような方法を採用しているのでしょうか。

 移転価格の対応が適切に実施されている企業グループには，共通して以下のような特徴があります。

・移転価格業務や国際税務への関心が高く積極的に行動する社員がいる。
・経理部と事業部等との風通しが良く，協力体制が構築されている。
・経営層が移転価格税制への対応の必要性について理解がある。

移転価格税制の対応は，経理部で孤軍奮闘しても解決できません。企業グループ全体の意識改革が必要な場合もあります。企業グループ内においては，移転価格文書化等の予算を確保したり，専担者のポストや処遇を確保しながら，移転価格税制への対応力を高めていくことが必要です。

企業グループ内で特定の部署がこれらの改善を進めていくにはそれなりの労力が必要です。トップダウンで移転価格業務の専担チームが組成されるのであれば，確実に推進することが可能と思われます。しかし，そのような対応ができる企業グループは一部であり，現実的には外部専門家を活用して企業グループ全体の移転価格税制に対する意識改革を進めることが多いようです。

外部専門家を活用する目的として，移転価格上の問題点について課税当局へ

の説明方法（ロジック）を組み立ててもらい，それを立証するための移転価格文書を作成してもらうことと考えがちです。しかし，企業グループ内の移転価格税制上の問題が未解決のまま，いきなり移転価格文書を作成するのではなく，プロジェクトを通じて移転価格税制の対応に係る企業グループ内での求心力を高めることを重視すべきです。そのためには，外部専門家に移転価格の社内勉強会の開催を依頼したり，役員会や営業戦略会議等において移転価格問題についての解説を依頼したりすることも有効な手段になると思います。

　時間を要しますが，企業グループにおいて移転価格税制への対応が重要であるという企業文化を醸成することが必要であり，将来の税務調査の対応力を高めるうえで大変効果があるといえます。

Q3 独立企業間価格（ALP）レンジに入らない場合の対処方法

当社グループの国外関連者取引の中に売上高営業利益率が明らかに独立企業間価格レンジに入らないと思われるものがあります。税務調査に備えて事前に対応することが必要であることは認識していますが，売上高営業利益率を独立企業間価格レンジの範囲内にするためにはどのような対応策があるのでしょうか。

A

法人税・移転価格の同時調査においては，調査官は国外関連者の所得金額や営業利益率に着目をし，所得移転の蓋然性を判断します。具体的には，法人税・移転価格の同時調査において関連者取引が独立企業間価格レンジに入っていない場合には所得移転の蓋然性が高いと判断される可能性があります。そこで独立企業間価格レンジに入っていない場合の対策としては，主に以下の3つの方法が考えられます。

（1）テクニカルアプローチ

テクニカルアプローチとは，取引価格等の変更を行わずに，移転価格文書の中で所得配分の歪みを論証するものです。テクニカルアプローチが有効な場合としては，以下のようなケースが考えられます。

・為替差損益の影響を受けて所得配分が歪んでいる
・原材料の価格高騰や販売価格の暴落等により所得配分が歪んでいる
・労働争議，税関トラブル，洪水，地震，テロ事件等により事業活動が制約されて所得配分が歪んでいる

このようにコントロール不能な外部経済からの影響を受けている場合は，移転価格上の問題ではないことを論証することになります。例えば，為替差損益であれば，最終販売価格に転嫁できなかった部分については，関連者間で合意

した一定の割合で負担するとみなして所得配分を再計算することが考えられます。また，原材料価格の高騰の場合では，製造原価は当初の予定原価で製造できていたはずであると考えて，原材料価格の高騰による影響を取り除いた損益計算書を作成することが考えられます。さらに，天災等により事業活動が制約された場合には，その損失額を取り除いた損益計算書を作成することが考えられます。

いずれの場合も，その結果が独立企業間価格レンジに入っていれば，所得配分の歪みは外部経済的要因によるもので，本質的に移転価格問題ではないという結論を示すことが可能となります。

（2）取引価格変更アプローチ

取引価格変更アプローチとは関連者取引の取引価格やロイヤルティ料率を変更して所得配分の適正化を図るものです。取引価格変更アプローチが有効な場合としては，以下のようなケースが考えられます。

・国内生産拠点の海外シフトによる親会社の固定費負担の増加
・国外関連者利益の優先的確保による親会社所得の減少
・海外向け製品開発および海外モデル改良等の研究開発費の増加による親会社所得の減少
・国外関連者への販売価格の硬直化

これらのケースでは関連者間の取引価格決定は，前述の外部の経済的要因とは異なりコントロールが可能です。当初設定した価格を経済環境や市場の状況に応じて定期的に見直すことが必要であるところ，過去それが適切に実施されてこなかったことが所得配分の歪みの原因となっていると思われます。

取引価格を変更すること自体が移転価格税制上のリスクになるのではないかと考える読者もいらっしゃるかもしれませんが，それは現在の移転価格の実務では誤った考え方となります。取引価格は原則として，経済環境や市場の状況に応じて定期的に見直すことが重要であり，検討をした結果，変更の必要が認めなければ取引価格の変更を行わないとするルールが，企業グループ内で受け

入れられることが重要なのです。

取引価格変更アプローチを成功させるためには，経営層や事業部等との協力体制を確立することが必要となりますが，これは移転価格上の問題の最も本質的な解決方法です。課税当局の観点からは，取引価格を見直すこの取引価格変更アプローチを採る企業グループは移転価格税制へのコンプライアンス意識が高いと評価されるものと思います。

(3) 価格調整金／APAアプローチ

価格調整金／APAアプローチとは，価格調整金またはAPAを活用して所得の再配分を図るものです。関連者間での所得配分に歪みが生じた場合に，一定の契約を結んで価格調整金の受払をすることで所得の再配分をする，または事前確認制度（APA）を利用して所得配分について課税当局と合意を得て，万一外れた場合には合意された条件を満たすように所得配分を調整する（「補償調整」といいます）ものです。所得配分の調整が一定の契約関係に基づいて行われることろが，(2)取引価格変更アプローチと異なります。価格調整金／APAアプローチが有効な場合としては，以下のようなケースが考えられます。

・事業部の協力が得られず取引価格等の変更ができない
・特異なビジネスに従事しており一般的な移転価格算定方法が適用できない
・いわゆる外＝外取引であり，関連者間において棚卸資産取引が僅少なため無形資産取引の条件変更（例えば，ロイヤルティ料率の変更）で所得配分を適正化する必要であるが，その実施が困難である

移転価格調整金は，移転価格事務運営指針の参考事例集に解説されているもので，検証対象取引に係る利益率について独立企業間価格レンジ内に入れることをポリシーとして確立している場合に，その利益率が独立企業間価格レンジから外れた場合に調整を行うものです。

例えば，移転価格算定方法としてTNMMを採用しており，国外関連者の売上高営業利益率の独立企業間価格レンジが3％～7％であり，万一，独立企業間価格レンジから外れた場合には，中央値の5％になるように価格調整金の受

払を行うという契約を結んでいたとします。現実の売上高営業利益率が1％であった場合には，売上高営業利益率が5％になるように，親会社から国外関連者に対して移転価格調整金を支払います（このケースでは国外関連者への寄附金と認定されるリスクがありますので，実施に当たっては参考事例集に示されている前提条件等を満たすように注意が必要です）。

　APAの補償調整と移転価格調整金は，所得配分を再調整するという意味では同じような機能果たしていますが，更正リスクの有無という点においては大きく異なります。APAの補償調整は適用する独立企業間価格レンジについて課税当局と事前に合意されていますので法的に安定していますが，価格調整金は納税者が独立企業間価格レンジを設定し，税務調査において課税当局が適切であるかどうかを確認しますので，価格調整金の実施が適切であったかどうかは，税務調査が行われるまでは法的には不安定ということになります。

　APAは，課税当局と取引毎に価格設定，検証対象取引に係る利益率，または関連者間での所得配分等について合意をするものです。APAには2種類あり，2国間の課税当局の合意を得るものをバイラテラルAPAと呼びます。バイラテラルAPAで合意を得るためには，相手国と租税条約を結んでいることが条件となります。一国の課税当局だけと合意する場合はユニラテラルAPAと呼びます。一般的にはAPA申請については外部専門家のサポートを必要とすることが多いこと，および課税当局の審査に時間を要することから，関連者取引の金額が大きくてその企業グループの収益源となっているような場合に利用されます。

　売上高営業利益率を独立企業間価格レンジの範囲内にするためには，上記のような方法があります。状況に応じて最適な方法を選択して対応を進めることが必要です。

Q4 文書化義務を負わない企業グループの移転価格文書の必要性

　当社は連結売上高，1,000億円未満であるため，CbCレポートおよびマスターファイルの作成義務はありません。また，すべての関連者取引も50億円未満でかつその他の取引等も3億円未満であるため，ローカルファイルの作成義務もありません。

　しかし，過去の法人税・移転価格同時調査においては，関連者取引の金額がこれらの金額基準以下であっても国外関連者との取引に係る資料を提出するように指示されたことがあります。したがって，今後も調査の際に提示できる説明書類を作成する必要があると考えており，何か書類を作成しておくほうが良いと考えていますが，いかがでしょうか。

　　移転価格文書の作成および提出義務について一定の閾値が設定されているのは，中堅以下の多国籍企業における移転価格文書作成の事務負担が重荷になることを考慮したためです。ただし，CbCレポートおよびマスターファイルの提出義務を免除されていたとしても，税務調査において移転価格調査が免除されるわけではなく，法人税調査と移転価格調査は同時に実施されます。

　貴社グループのように，移転価格文書の作成義務は免除されながらも，調査対応の際に移転価格文書を必要としている企業グループは少なくないと思われます。従来の実務対応では，正式な移転価格文書，簡便な移転価格リスク分析書，関連者取引の価格決定ルールを示した移転価格ポリシーなどを作成している場合にはそれらの資料を提示し，そのような準備ができていない場合には調査官からの指示により必要とされる情報を収集したり，データを集計して提出したりするということが行われていました。

　BEPS対応の移転価格文書作成義務が定められても，税務調査対応の方法に

ついては基本的に変更はありません。貴社グループの関連者取引の規模やその取引に係る所得配分の状況を確認し，移転価格上の問題の存在が疑われるような場合には，自主的に移転価格文書を作成しておくことが望ましいといえます。税務調査で作成を指示されてから対応するのは，対応が後手に回り十分な分析や検証ができないままデータを提出したり移転価格算定方法について説明を行ったりすることになりますので，自然とリスクが高まりますので避けるほうが賢明です。自主的に税務調査対応に資する書類を作成することは大変有益であると考えられます。

Q5 「ALPを算定するために重要と認められる書類」とは何か

移転価格の文書化義務を免除されている企業グループであっても，わが国では税務調査において「独立企業間価格（ALP）を算定するために重要と認められる書類」の提出を求められることがあると聞きましたが本当でしょうか。

A　わが国では税務調査において，調査官が必要と認めた場合には「移転価格に相当する書類」の提示または提出を求めることができます。この場合に，「ALPを算定するために重要と認められる書類」の範疇が，納税者が移転価格文書化義務を負う場合と納税者が移転価格文書化義務を免除される場合では異なりますので注意が必要です。

(1) 納税者がローカルファイルの同時文書化義務を負う場合の「ALPを算定するために重要と認められる書類」の意義

納税者がローカルファイルの同時格文書化義務を負う場合には，原則として税務調査が開始されるまでにローカルファイルが作成されているはずです。（わが国の法令では，ローカルファイルそのもののことを「ALPを算定するために必要と認められる書類」と称しています。上記の「ALPを算定するために重要と認められる書類」と名称が酷似していますので注意が必要です）。

税務調査において，調査官がもしその内容についてさらに詳細に情報を必要とする場合に，「ALPレンジを算定するために重要と認められる書類」を納税者に対して提示または提出を求めることができます。国税庁のパンフレットには，「ALPを算定するために重要と認められる書類」は，以下のような書類であるとされています。

・ローカルファイルに記載された内容の基礎となる事項を記載した書類

・ローカルファイルに記載された内容に関連する事項を記載した書類
・その他ALPを算定する場合に重要と認められる書類

ただし、具体的な情報やデータの種類等については明記されておらず、納税者にとっては曖昧な書類作成および提示の要請を受けている状態となっています。

(2) 納税者が移転価格文書化義務を免除されている場合の「ALPを算定するために重要と認められる書類」の意義

納税者が移転価格文書化義務を免除されている場合には、通常、ローカルファイルは作成されていないことが多いと思います。しかし課税当局は、税務調査上必要であれば、ローカルファイルの作成・提出を指示することができます。この場合のローカルファイルは、わが国の法令では「ローカルファイルに相当する書類」と称して、納税者が移転価格文書化義務を負う場合のローカルファイルと区分をしています。

納税者が移転価格文書化義務を免除されている場合の「ALPを算定するために重要と認められる書類」には、この「ローカルファイルに相当する書類」と下記の書類の両方が含まれることになります。

・ローカルファイルに記載された内容の基礎となる事項を記載した書類
・ローカルファイルに記載された内容に関連する事項を記載した書類
・その他ALPを算定する場合に重要と認められる書類

「ALPレンジを算定するために重要と認められる書類」について、具体的な情報やデータの種類等については明記されておらず、納税者にとっては曖昧な書類作成及び提示の要請を受けている状態となっているのは、移転価格文書化義務を負う納税者と同様です。

(3) 「ALPレンジを算定するために重要と認められる書類」を事前に作成する必要性

「ALPレンジを算定するために重要と認められる書類」を作成することのメ

リットには以下の点が挙げられます。

　まず，事前にローカルファイルの中で争点になる可能性がある項目について，課税当局に対する抗弁のスタンスやそれをサポートするデータの収集をするため，税務調査における調査対応がスムーズになることが挙げられます。

　次に，「ALPを算定するために重要と認められる書類」に取引価格の変更の経緯を記載することで，移転価格税制に対するコンプライアンス意識が高いと評価される可能性もあります。例えば，直近の事業年度において，一時的な所得配分の歪みがあった場合に，その企業グループが自主的にその所得配分の歪みを是正するために取引価格を調整したことが判明すれば，課税当局はその企業グループの移転価格税制に対するコンプライアンスの意識は高いと判断することができると思います。

　この「ALPを算定するために重要と認められる書類」は，わが国の課税当局が独自にBEPS対応の移転価格文書に追加したものであり，いわゆるBEPS対応の移転価格文書の3層構造の埒外(らちがい)に置かれ軽視されているような気がします。わが国の税務調査を想定した場合には，所得移転の蓋然性(がいぜんせい)をチェックするために提出要請を受ける可能性があるため，むしろ実務上は大変重要であることを再認識する必要があります。

(4)「ALPレンジを算定するために重要と認められる書類」に記載を求められる情報

　国税庁の「移転価格税制に係る文書化制度（FAQ）」に拠りますと，「独立企業間価格を算定するために重要と認められる書類とは，ローカルファイルに記載された内容の基礎となる事項を記載した書類，ローカルファイルに記載された内容に関連する事項を記載した書類その他重要と認められる書類をいいます（措置法施行規則第22条の10第5項・第6項）。」となっています。

　しかし，これでは具体的な記載項目がわかりません。課税当局の立場からすると，例えば以下のような情報について説明を求めてくるのではないでしょうか。

① 独立企業間価格レンジの設定の際に，比較対象企業をスクリーニングする過程で定性基準により除外した企業のリストおよびその除外理由の詳細
② 棚卸資産取引と無形資産取引を統合して検証対象取引とした場合に，その相互関連性についての詳細な説明
③ 複数の棚卸資産取引を統合して検証対象取引とした場合に，その相互関連性についての詳細な説明
④ 親会社の国外関連者向けの取引の切出損益の作成過程が判明する資料

この④の情報はローカルファイルの中に記載することが求められているものです。実は，BEPS対応の移転価格文書作成が義務化される前においても移転価格文書への記載が要請されていました。(措置法施行規則第22条の10第1項)。しかし実務上，親会社側のその国外関連者向けの切出し損益を作成して記載しているケースは少ないように思います。

BEPS導入後のローカルファイルにおいてもこの切出し計算の詳細を記載するように求められています(「ローカルファイル作成に当たっての例示集　1号ヘ」)。わが国の課税当局は，納税者がどのような移転価格算定方法を採用しているかに関わらず，利益分割法的な分析を実施して所得配分の状況を確認しますので，提出を求められる可能性が高いと思われます。

(5) 納税者側での「ALPを算定するために重要と認められる書類」の活用方法

「ALPを算定するために重要と認められる書類」は，納税者の立場から見れば，税務調査における調査対応マニュアルとしても活用できると考えられます。事前に税務調査で争点となりそうな項目について分析をしておくことで，税務調査官からの質問に対して的確に回答ができるようになるためです。税務調査に立ち会う法人の担当者の心理的負担も軽減されますし，移転価格項目の調査に投入される時間も軽減される可能性があります。

Q6 国税庁が開設する移転価格文書化対象取引に関する個別照会窓口

国税庁は移転価格文書化義務を負う納税者に対して，個別相談に応じてくれる相談窓口を設置すると聞きました。利用するための条件や手続等を教えてください。

A

国税庁では移転価格文書化制度を適正かつ円滑に実施すること，納税者の移転価格税制に関する理解を深めること，および移転価格に関する納税者の自発的な税務コンプライアンスが維持・向上することを目的として，同時文書化義務の対象となる納税者が法令に沿ってローカルファイルを作成等していくことをサポートする施策を重点的に行うことになりました。

開始時期：平成29年7月以降，担当窓口が国税局に設置されます。

相談内容：ローカルファイルの作成における機能分析，独立企業間価格の算定方法の選定，比較対象取引の選定，分割ファクターの選定，目標利益率の幅（レンジ）の設定等に関する個別照会が可能です。

手続き：個別照会を希望する納税者は，事前に国税局の相談窓口に電話をして，面談日時の予約を取ることが必要です。面談に先立って，事前に作成したローカルファイルのドラフト，個別照会事項，照会の対象となる取引の概要などの資料を郵送する必要があります。

回答の方法：個別照会では，提出した資料を前提として口頭で回答されます。その照会内容および回答は公表されません。また，提出した資料は返却されません。

回答ができない場合：以下のとおりです。

・照会の前提とする事実関係について選択肢がある場合
・照会内容の検討に必要な資料が提出されない場合
・実施確認や取引等の関係者等への質問等による事実関係の確認を必要とす

る場合
・税の軽減を主要な目的とするものや非関連者間では通常行われない形態の取引を照会の内容とする等，通常の経済取引としては不合理とみとめられる場合
・法令等に抵触し，または抵触する恐れがある取引等に係るものである場合
・移転価格調査中，事前確認審査中または係争中である取引等に係るものである場合
・上記の他，個別照会による回答を行うことが適切でないとみとめられるものである場合

相談窓口の設置部署

		管　轄
調査課所管法人	東京国税局・大阪国税局	調査第一部国際情報課
	名古屋国税局	調査部国査情報課
	関東信越国税局	調査査察部国際調査課
	札幌，仙台，金沢，広島，高松，福岡，熊本の各国税局	調査査察部調査管理課
	沖縄国税事務所	調査課
調査課所管法人以外の法人	札幌，仙台，関東信越，東京，名古屋，大阪，広島，福岡の各国税局	課税第二部法人課税課
	金沢，高松，熊本の各国税局	課税部法人課税課
	沖縄国税事務所	法人課税課

　個別照会の口頭での回答は，後の正式な税務調査において別の見解が示されて，結論が変わる可能性がありますから，相談をした納税者は根本的な法的安定性は確保されていないことになります。しかも，この個別照会はAPAと異なるため，提出した情報が税務調査で使用されるのではないかという不安が生じます。個別照会の対象とした関連者取引やその論点に関する情報を，調査担当者に直接開示しないというルールが必要であると思われます。

Q7 国税庁が実施する移転価格文書化の企業訪問（巡回指導）

平成29年7月以降，国税局の職員がローカルファイルの作成状況を確認するために納税者を巡回すると聞きました。詳細を教えてください。

　移転価格文書化制度を適正かつ円滑に実施することなどを目的として，国税局の職員が同時文書化義務の対象となる納税者を訪問することになりました。訪問に先立って国税局から電話にて訪問日時について連絡があります。これは税務調査ではありませんので，その時点でローカルファイルが作成されていなくてもペナルティを課されることはありません。

企業訪問の手順としては，「移転価格ガイドブック」（国税庁）では，概ね以下のとおりに実施されるとなっています。
① 移転価格税制全般についての取組状況の聴き取りが行われます。
② ローカルファイルの作成対象となる関連者取引の概要の聴き取りが行われます。
③ ローカルファイルの準備，作成について確認が行われ，すでにローカルファイルを作成している場合には，ローカルファイルについて記載内容の確認が行われ，ヒアリングも実施されます。
④ ローカルファイルの内容について，納税者側からの疑問点や判断に困る事項などの相談がないか確認が行われます。
⑤ ローカルファイルの内容等について，記載内容に不備がないか，記載内容が移転価格税制に則したものとなっているかについて，必要に応じて，指導・助言が行われます。
⑥ ローカルファイルの準備・作成の状況等を踏まえ，必要に応じて，移転価格調査での着眼点や想定される指摘事項，移転価格ポリシーの策定にお

いて留意すべき事項等の助言が行われ，<u>納税者側において移転価格税制の適用について検討する際に有用と考えられる資料</u>が提供されます。(下線：筆者)

　上記，納税者において有用な資料の1つとしてベンチマーキングの情報が挙げられると思います。現状では，外部の有償データベースを利用しないと独立企業間価格レンジを設定できませんので，ローカルファイルの作成にあたって独立企業間価格レンジをいかに効率的に経済的に設定するかという点が問題となります。

　しかし，ここでの「移転価格税制の適用について検討する際に有用と考えられる資料」には，おそらく独立企業間価格レンジを設定するためのデータベース情報のようなものは含まれていないと考えられます。わが国の課税当局とは，このような曖昧な表現は避けて具体的にどのような情報が納税者に提供される可能性があるかを明記していただきたいと思います。

Q8 移転価格文書化の企業訪問（巡回指導）で指導を受けた場合

国税局の職員が納税者を訪問した際に、ローカルファイルの記載内容について何らかの指導があった場合、その後どのように対応すればよいのでしょうか。

A　国税局の職員より指導を受けた事項については、改めて検討することが必要となり、例えば、移転価格税制上の根本的な考え方について不適切な点を指摘された場合には、グループ全体の移転価格ポリシーの変更が必要となるかもしれません。また、比較対象企業のスクリーニングの条件について、機能・リスク分析等との整合性の観点から不合理な点を指摘されるかもしれません。その場合、スクリーニングについて再度実施する必要が生じる可能性があります。

いずれにしても、「移転価格ガイドブック」（国税庁）においては、その後の税務調査等において、ローカルファイルの作成状況を確認されることがあるとされています。つまり、企業訪問で把握した問題点については、税務調査担当者に引き継ぎが行われる可能性が高いということを意味しています。したがって企業訪問の際に指導を受けた場合には、決して軽視することなく適切な対応をすることが求められます。

一般的にはローカルファイルの作成は、外部専門家に委託するケースが多いと思われます。その場合は、一定以上の品質は確保されているものと思われますので、企業訪問において指導を受けることがあったとしても、軽微なものに留まるのではないかと思われます。注意が必要であるのは、ローカルファイルを企業グループ内で作成しているケースと思われます。例えば、TNMMを採用している場合に移転価格文書化で通常利用されるデータベースを使用していなかったり、CUP法を採用している場合に比較対象取引との差異調整を適切

に行っていなかったりするなど，企業訪問でローカルファイルの不備を指摘されるリスクがあります。「移転価格ガイドブック」（国税庁）Ⅱ　移転価格税制の適用におけるポイントを参考にして，自主的にチェックをすることが望まれます。

Q9 海外課税当局等がCbCレポートに基づいて課税をした場合の対処

アジア新興国の課税当局がCbCレポートを入手してそれに基づいて課税をすることはないのでしょうか。もし，そのような事態になった場合にはどうすればよいのでしょうか。

親会社がCbCレポートを提出している場合，国外関連者の所在国の課税当局がそれを入手して税務調査で活用することが考えられます。例えば，A国に国外関連者が所在しており，その売上高営業利益率が1％であったとします。A国の課税当局はCbCレポートの情報から，その企業グループはB国およびC国に同様の機能・リスクを持つ国外関連者が1社ずつ所在しておりそれぞれの税引前当期利益が高いことを把握し，A国の国外関連者に対して，B国およびC国と同程度の利益を計上すべきであると指摘をする可能性が考えられます。CbCレポートが直接，課税に利用されてしまうと，納税者のコンプライアンスを裏切ることとなり，移転価格文書化制度のそのものの存続が危うくなってしまう可能性があります。そこで，OECDの行動計画13のレポートにおいては，各国の課税当局に対しCbCレポートを適切に使用することを要請し，CbCレポートのデータに基づいて所得配分をして課税すべきではないとしています。

わが国の課税当局はOECD租税委員会におけるモニタリングに参画し，海外の課税当局がCbCレポートを課税の根拠資料として使用していないか確認する役割を負っています。そのため，もし具体的に国外関連者がその所在国の課税当局からCbCレポートを根拠とした課税処分を受けそうな場合には，国税局に設置されている「移転価格文書化に関する相談窓口」まで申出ることになりました。国外関連者が現地で税務調査を受ける場合には，現地課税当局がCbCレポートの情報をどのように使用しているかについて注意をする必要があります。

Q10 国外関連者の所在国でマスターファイル等の作成義務が生じた場合の対応

　親会社は、わが国の法令の下ではCbCレポート、マスターファイル、ローカルファイルの作成義務を免除されております。しかし、国外関連者の所在国の中には、BEPSに係る移転価格文書作成義務について厳しいルールを導入している国があり、マスターファイルとローカルファイルを提出しなければならないようです。
　どのように対応すればよいのでしょうか。

　例えばインドネシアは、2016年末にBEPSに係る移転価格文書の作成に関する通達を出しました。その義務の有無を判定する金額基準がかなり低く設定されていることもあり、多くの日系企業がその対応を迫られることになっています。
　CbCレポートレポートついて親会社が日本での提出義務を負わない場合には、現地の国外関連者も提出義務はありませんが、マスターファイルとローカルファイルに関しては、現地での提出基準に該当する場合には、現地の国外関連者は作成・提出義務を負うことになりますので注意が必要です。
　親会社がマスターファイルの作成・提出義務を負わないにも関わらず、国外関連者がその作成・提出義務を負うというのは不合理な状況です。わが国の課税当局には、アジアの新興国等がそのような納税者に過度な負担となるような文書化ルールを導入していないかをモニタリングをし、そのような状況を把握した場合にはOECDを通じて改善するように勧告をするように働きかけていただきたいと思います。

Q11 ベンチマーキングの企業グループ内での実施

　BEPS対応の移転価格文書作成が義務化されたことにより，弊社グループでも金額基準に該当するかどうかを問わず，重要な国外関連者取引についてはローカルファイルを作成する方針です。しかし，その作業を外部専門家に委託するとその報酬が高額になるため，基本的にはグループ内で作成するように変更する予定です。ベンチマーキングに関しては，データベースのプロバイダーと直接定期契約して，社内でベンチマーキングを実施したいと考えています。その場合，スクリーニングを恣意的に実施しているのではないかと，課税当局から疑われることはないのでしょうか。

　　従来移転価格文書作成におけるベンチマーキング分析は，高度な専門的な知識が必要とされる業務とされ，大手税理士法人の移転価格チームが主に対応をしていました。しかし，移転価格文書作成について国税庁が「移転価格の事務運営指針　参考事例集」等を公開し，ベンチマーキングの手法についても実務家の間に広く知れ渡るようになりました。
　比較対象企業をデータベース上でスクリーニングする手法には，大きく分けて定量基準と定性基準があります。定量基準は，データベース上の機能またはエクセルのような表計算ソフトの機能を活用することで，売上規模，研究開発費対売上比率，マーケティング関連費用対売上高比率などについて，一定の基準を設けて比較対象企業のスクリーニングを実施するものです。
　一方，定性基準はデータベース上の比較対象企業の候補となる企業の事業概要を参照して，製造製品や取扱商品の類似性，市場の類似性，等について検討を行い，比較可能性が低いと思われる企業のスクリーニングを実施するものです。

後者の定性基準によるスクリーニングは，客観的な判断基準がない場合には恣意性が介入するリスクがあります。納税者側としては，いったん設定した定性基準については，合理的な理由がない限り変更せず継続性を確保することが重要です。定性基準については定量基準よりも裁量の余地がありますが，実際に用いられる項目については，過去に大手税理士法人や課税当局が用いた手法がベースになっているといえます。設定する定性基準がそのような経験則に適合しているかどうかについては，豊富な経験を有する外部専門家にアドバイスを求めるほうがよいと思います。

　ベンチマーキングの内製化については，以下のような注意点があります。

　ベンチマーキングに必要なデータベースの定期契約の費用は決して安いものではありませんから，少なくとも国外関連者は10社程度以上なければ，逆に割高になってしまう可能性があります。

　また，データベースの操作に関しては，一般的には企業グループ内の経理部等の中で担当者を決めて通常業務の一部に取り組むことが多いようです。慣れるまでに多少経験が必要ですが，スクリーニング作業は年間を通じて実施する業務ではありませんので，なかなか操作方法に慣れることができないという問題もあります。しっかりとしたマニュアルを作成して，ベンチマーキングに関するノウハウをグループ内で共有し引き継いでゆくことが求められます。

Q12 データベース提供会社が提供する標準的ベンチマーキングデータの有効性

最近，データベースの提供会社の中には，主要な業種のローカルファイルの作成に必要なベンチマーキングの結果を提供するところがあるようです。データベースの利用契約を結ぶよりも安価で大変便利なようですので利用することを検討していますが，何か注意点はありますか。

　　ベンチマーキング分析の手法は一般に周知されるようになったとはいえ，企業グループの中でデータベースを駆使してローカルファイルを独自に作成するということは容易ではありません。また，国外関連者の数がそれほど多くない場合には，データベースの定期契約を結ぶのも費用対効果を考えると難しいと思います。

データベース提供会社の標準的ベンチマーキングの結果は，少なくとも業種コード，地域，資本の独立性等の定量基準は完全に満たしていることが前提となります。その上で，貴社の国外関連者との機能・リスク・資産についてどの程度の類似性があるかについては，データベースの情報を読み取り，さらに定性基準でスクリーニングをすることが求められます。

税務調査において，万一ベンチマーキングについて説明を求められた場合，貴社が釈明をする必要がありますので，注意が必要です。

データベースの提供会社が提供するサービスを利用する場合には，以下の点に注意する必要があります。

① プロバイダーが信頼できる業者で中立的な立場にあること

例えば，国外関連者が検証対象となっている場合には，ベンチマーキングの結果，レンジが全体的に高めに設定されると海外の課税当局が容認しやすい状況となり，わが国の課税当局にとっては容認し難い状況になります。ど

ちらかに偏ることなく中立的な立場でレンジが設定されることが重要であるため，プロバイダーは納税者とも課税当局とも利害関係を持っていないことが求められます。

② 移転価格同時文書化の義務を負う国外関連取引の分析には使用しないこと

　ローカルファイルの作成義務を負うケースでは，関連者取引の規模が大きくことから，税務調査において深度のある調査が行われる可能性が高いと思われます。場合によっては，移転価格調査を通常の税務調査とは別に実施（移転価格の区分調査）することも考えられます。移転価格同時文書化の対象取引には精度の高いベンチマーキングを行うことが求められます。万一，データベース提供会社が提供する標準的ベンチマーキングデータに係るスクリーニングの条件に，機能・リスク等の状況が適切に反映されていないと認められる場合には，比較可能性が低いとしてベンチマーキングの条件の変更を指示される可能性があります。移転価格同時文書化の義務を負う国外関連取引の分析については，精緻なベンチマーキングを実施すべきと考えられます。

③ 検証対象企業の機能・リスクは限定されていること

　検証対象企業のベンチマーキングにおいては，検証対象企業の機能・リスク・資産に着目して，比較可能性の高い企業を選定する必要があります。もし，検証対象企業が多角的な機能を有しており，複数のリスクを負っているようなケースでは，比較対象企業の選定は慎重に行わなければなりません。したがって，データベースの提供会社が提供するサービスの利用が可能であるのは，検証対象企業の機能・リスクがある程度限定されている場合であると考えるべきです。

④ スクリーニングが一般に妥当と認められる方法で実施されていること

スクリーニングの段階で設定された定量基準について明示されており、その方法が一般的に妥当と認めらえるものであることが必要です。具体的には国税庁が移転価格事務運営指針 参考事例集で示した方法に従っていることが求められます。

⑤ 実績値の位置がレンジのなるべく中央値に近いところにあること

例えば、検証に使用する利益水準指標が売上高営業利益率であった場合、その実績値とデータベースの提供会社が提供されたレンジを比較して、レンジ内にぎりぎり入るような状況は好ましくありません。税務調査でスクリーニングの条件を少し変更するだけで、実績値がレンジから外れる可能性が高いからです。レンジ内にはあるものの、レンジの上限値または下限値に近い場合にはそのようなリスクがあることを理解しておくことが重要です。

Q13 買収して子会社化した企業グループの移転価格対応

当社は最近，海外の企業グループを買収して子会社化しましたが，そのグループ内の関連者取引の実態を正確には把握できておりません。今後，どのように移転価格税制への対応を勧めればよいのでしょうか。

企業買収をする場合には財務デューデリジェンス，税務デューデリジェンスおよび法務デューデリジェンス等を実施すると思います。その場合，税務デューデリジェンスにおいて，移転価格税制上の潜在的なリスクについて，外部の専門家に調査依頼をしているかどうかを確認し，もし移転価格リスクについての調査が行われているようであれば，その内容を確認します。その外部専門家のレポートの中に，関連者間取引の状況，移転価格文書の作成の有無，および過去の数年間における所得移転の蓋然性(がいぜんせい)について記載があれば，それらを手掛かりとして買収した企業の税務リスクの概要を把握することができます。

次に，その買収した企業グループの既存の移転価格文書の存在を確認することが必要です。もちろんすべての関連者取引について移転価格文書が作成されているとは限りませんので，関連者取引の中で移転価格文書化の対応ができている取引とそうでない取引を明確に区分することが必要となります。

買収した企業が過去に移転価格文書を作成していた場合には，関連者取引の状況を把握する上で大変有利ですが，以下の点に特に注意が必要です。

（1）買収企業グループの無形資産に係る移転価格ポリシー

買収した企業グループが特許等の法的に保護される無形資産を保有している場合には，その所有者と費用負担者の状況を把握するとともに，買収後のそれらの無形資産を買収企業側でそのまま保有するのか，どこかのタイミングで貴

社グループ，例えば親会社に移転するのか等を検討する必要があります。

買収した企業グループがマーケティング・インタンジブルのような移転価格税制特有の無形資産を保有している場合には，その考え方が貴社グループの移転価格ポリシーと整合しているかどうかを確認する必要があります。

（2）移転価格の検証方法

棚卸資産取引，無形資産取引，役務提供取引および金融取引について，検証対象取引，移転価格算定方法および利益水準指標等が，貴社グループの移転価格ポリシーと整合しているかどうかを確認する必要があります。

もし，買収した企業の事業が貴社グループの事業と同種である場合には，ベンチマーキングのスクリーニングの方法についての整合性も確認が必要です。万一，貴社の移転価格ポリシーと整合しない場合には，今後の対応について外部の専門家と相談することをお勧めします。

買収した企業が過去に移転価格文書を作成していない場合であっても，実務上，移転価格ポリシーに相当するルールが存在していることがありますので，買収した企業の経営層，経理部門，税務部門等に確認する必要があります。実際に買収企業を訪問したり，またはテレビ会議や電話会議等を開催したりして，BEPS対応の移転価格文書作成に必要な情報を収集しなければなりません。貴社の税務部門が主体的に情報をするか，または外部の専門家の海外ネットワークを活用するという方法もあります。

貴社グループの事業と関連を有する企業であれば，将来的に貴社グループの移転価格ポリシーとの整合性を確保できるように統合していくことが望まれます。

Q14 国外関連者間取引の移転価格税制への対応

当社グループでは、海外ビジネスの拡大は、国外関連者が主体的に実施しており、最近では当社が詳細を把握できていない国外関連者同士（兄弟会社間の取引および子会社と孫会社間の取引）が増加して国外関連者の利益率の管理が困難になってきました。どのようにすればよいのでしょうか。

一般的に親会社と国外関連者との間の取引は把握できていることが多いのですが、国外関連者同士での取引がある場合に、その状況を把握できていないということがあります。そのような場合であっても移転価格税制への対応上、関連者取引の状況を確認しなければなりません。国外関連者が監査済み財務諸表を作成している場合には、関連者との取引金額に関する情報が含まれている可能性があります。しかしそれだけでは不十分ですので、貴社は個別に国外関連者に対して関連者取引の詳細を確認する必要があります。その上で、具体的に移転価格上、適切な所得配分になるように関連者取引の価格や利益率等について、貴社が変更することができるように、グループ内のルールを構築することが重要です。

この場合には以下のことに注意する必要があります。

(1) 重要性の判断

ある国外関連者が親会社以外の関連者と取引を行っていることが判明した場合に、その取引は移転価格上の分析上、親会社との取引と区分して分析を行うことが必要であるかどうか判定する必要があります。親会社との取引以外に重要性の高い関連者取引が存在している場合には、セグメントPLを作成して、親会社取引とは別に検証することが必要となります。一方で、金額が僅少であ

る場合にはその取引に係る価格決定の方法を確認するにとどめて，問題がなければ詳細な検証は省略するという方法も考えられます。貴社グループとして重要性をどのように判定するかについてルールを設定しておくことが必要となります。

(2) サプライチェーンと適切な所得配分のモニタリング

例えば，貴社が製造した部品を海外製造子会社が組立を行い，さらに他の海外販売会社が外部顧客に販売するような場合に，貴社と製造子会社と販売子会社との間で所得をどのように配分するかということが問題となります。もし，製造子会社または販売子会社への所得配分が適切でない場合には適切な調整を行わなければなりません。子会社および孫会社間での取引については，貴社では情報を管理しづらい性質のものであるため，定期的にそのような情報を入手するためのモニタリングの仕組みを構築することが必要となります。

(3) 親会社の権限強化

さらに，複数の国外関連者が絡む商流における所得配分の調整を行うためには，貴社（親会社）が大局的な立場からその役割を果たすことが必要となるため，貴社グループ内でそのようなルールを構築することが重要です。例えば，移転価格担当部署がそのような情報の報告のためのフォームを作成して定期的に報告を求める仕組みを構築し，国外関連者を含めた営業会議等が開催される際に，移転価格税制に係る問題点を議論できるようにすることが重要です。移転価格対応に係る親会社の権限を明確にして，求心力を高めることが重要です。

Q15 税務調査におけるローカルファイルの提出要請

当社は，税務調査において調査官からわが国の課税当局に提出するローカルファイルについては，同時文書化義務を免除されています。しかし，提出要請を受けた場合でも提出までに60日の猶予が与えられるため，現実的に指示があるまで作成は保留する予定です。

過去の税務調査のサイクルから判断すると，当面，税務調査が実施される可能性は低いこともあり特にリスクはないと考えていますが，いかがでしょうか。

原則として，同時文書化義務を負っている場合には，「ALPを算定するために必要と認められる書類」（ローカルファイル）の提出を求められた場合，45日以内の調査官が指定する日までに提出する義務があります。さらに，「ALPを算定するために重要と認められる書類」の提出を求められた場合60日以内の調査官が指定する日までに提出する義務があります。

しかし貴社のように同時文書化義務を負わない場合には，ALPを算定するために重要と認められる書類」（ローカルファイルに相当する書類）およびローカルファイルに相当する書類に記載された内容の基礎となる事項を記載した書類等の提出を求められた場合，60日以内の調査官が指定する日までに提出する義務があります。

例えば，TNMMを選択して国外関連者の売上高営業利益率を検証対象の利益水準指標としている場合に，その実績値は毎期変動しますし独立企業間価格レンジも毎期変動します。したがって，「ALPを算定するために重要と認められる書類」（ローカルファイルに相当する書類）は毎期アップデートして状況を確認されることをお勧めします。

調査官から提出要請を受けてから「ALPを算定するために必要と認められ

る書類」（ローカルファイル）の作成する場合は，時間的制約があるため何か問題が露呈した場合に十分な分析や検証ができません。そのため説得力のある反論ができずに税務調査対応において不利な状況に追い込まれる可能性があります。

　現状のわが国のBEPS対応の法令においては，ローカルファイルは法人税確定申告書の提出期限までに作成・保管しなければなりません。その場合，データベースから入手できる財務データは意外と古いものになります。例えば，2016年12月期のローカルファイルを作成する場合に，比較対象企業の財務データは，おそらく2015年12月期のものになってしまいます。これは比較対象企業の財務データが，データベース上で更新されるのに決算終了後からさらに数か月を要するからです。

　もし2017年10月に税務調査が開始された場合には，比較対象企業の2016年12期の財務データが入手できる可能性があります。移転価格調査の経験のある方であれば，ひょっとすると，独立企業間価格レンジの基礎となる比較対象企業の財務データについては，なるべく新しいデータを用いるべきと考えるかもしれません。それであれば，あえて法人税確定申告書の提出期限までに作成・保管するのではなく，税務調査で提出要請を受けてオンデマンドで作成する方が合理的だという意見は一理あります。

　ただし，通常の税務調査において所得移転の蓋然性を判断する上では，必ずしもその時点での最新の独立企業間価格レンジが不可欠ということではなく，法定期限である法人税確定申告書の提出期限において入手可能なデータを用いていればよく，調査官はむやみに納税者に対して独立企業間価格の更新を求めてはいけないこととされています。

　したがって何らかの外部経済要因，例えば原材料の高騰や為替レートの急激な変動など，全く同じ時期の財務データを使用しなければ合理的ではないというケースを除き，あえて直近の財務データによる独立企業間価格に固執することはないと思います。

Q16 BEPS対応の移転価格文書化義務導入後の税務調査対応方法

　BEPS対応の移転価格文書化義務導入後の税務調査は，どのような点が変わるのでしょうか。また，納税者側はどのようなことに注意すべきでしょうか。

　BEPS対応の移転価格文書の作成義務を負う企業グループと負わない企業グループで異なります。

① BEPS対応の移転価格文書の作成義務を負う企業グループの場合

　税務調査の開始時点で，まず，適切にCbCレポートとマスターファイルが作成・提出されているかを確認されることになります。さらに，金額基準を満たしている関連者取引に係るローカルファイルが作成されているかどうかが確認されることになります。ローカルファイルは日本の親会社が作成したものだけでなく，国外関連者が現地課税当局向けに作成したものが，OECDガイドラインおよびわが国の法令通達に準拠している場合には，その国外関連者が作成したローカルファイルの写しでも問題ありません。ローカルファイルについては，特に独立企業間価格レンジのスクリーニングの条件が，機能・リスク分析と整合しているかどうかについて検討されることになると思います。

② BEPS対応の移転価格文書の作成義務を負わない企業グループの場合

　ペナルティを課するための確認は行われませんが，国外関連取引について調査が行われることは今までの税務調査と基本的に変わりありません。ただし，もし自主的に作成している書類があれば提出してくださいと要請される可能性は高まるかもしれません。

　さらに，上記の両方のケースに共通して言えることですが，筆者は今後の税

務調査においては，移転価格調査と法人税調査の境界線が実質的に消滅するのではないかと考えています。

従来の税務調査において，法人税の調査官は移転価格に係る項目については「簡易な移転価格」と呼ばれる海外出張を伴う役務提供や子会社に対する資金の貸付についてのみ調査を実施し，棚卸資産取引および無形資産取引については，必要に応じて調査部国際情報課または国際調査課の調査官が専門的に調査を実施することとされていました。

今後の税務調査においては，法人税の調査官がローカルファイルについて内容を確認することが多くなるものと思われます。少なくとも，例えば移転価格の算定方法としてTNMMを適用しているのであれば，独立企業間価格レンジ内にあるかどうかを確認することは比較的容易な作業です。BEPS対応の移転価格文書作成が義務化されたことにより，大規模多国籍企業のみならず，中堅の多国籍企業も移転価格文書を作成するようになり，その確認に必要な作業量も急増していくものと思われます。ローカルファイルの調査を従来のように調査部国際情報課および国際調査課の調査官だけで対応することは物理的に困難になるため，法人税の調査官の確認対象となる取引が拡大されて，棚卸資産取引および無形資産取引も事実上，法人税の調査官が調査を行うことが想定されます。

その場合，法人税の調査官により以下のような指摘を受ける可能性が想定されます。

- 直近年度の単年の実績値が独立企業間価格レンジから外れているため，過去3年間の加重平均値を用いて独立企業間価格レンジ内にあることを示したことに対して，加重平均値の使用を認められないと指摘される
- 国外関連者の所在国ではロイヤルティの海外送金が政策的に認められていないが，他の国外関連者に適用されているレートで算定したロイヤルティ収入を計上すべきと指摘される
- 為替レートの変動により期中に関連者間の取引価格を変更したことに対して，意図的に所得移転を図ったと指摘される

・国外関連者の所在国で天災やテロ事件があり，親会社がその対応のために費用を負担したことに対して，国外関連者への寄附金に該当すると指摘される

　調査を受ける納税者側としては，単にローカルファイルを作成・提出すれば移転価格の更正リスクが低減すると安易に考えてはいけません。ローカルファイルを作成していれば，移転価格調査があっても問題はないというわけではなく，調査期間中に調査官からの指摘に対して適切な説明ができるような体制を構築しておく必要があります。移転価格文書に記載されている情報等から，調査官からどのような質問が来るか，またはどのような追加資料の提出要請が来るかなどを予測して準備を進めることが必要です。

　今後，移転価格税制は徐々にコンプライアンスの性格を帯び，企業グループ内で作成することが当たり前になるかもしれません。そのような大きなトレンドの中では，移転価格調査は企業グループ内のリソースで対応するのが理想的な対応となります。移転価格調査対応のノウハウを企業グループ内で蓄積し，調査対応力を高めることが重要だと思います。

Q17 小規模事前確認制度（APA）の再検討

　当社はわが国の課税当局の移転価格調査を受けたことがあり、その後は更正の対象となった関連者取引についてAPAを利用しています。常に利益水準指標が合意レンジに入るように注意しているため、過去一度も合意レンジから外れることはなく補償調整は発生していません。

　最近社内でBEPS対象の移転価格文書化への対応を議論する中で、APAを申請している棚卸資産取引は年間50億円〜60億円程度であることから、APAの更新を停止しても、移転価格のみを対象とした調査（区分調査）の対象となる可能性は低いのではないかという意見が出ています。

　また、APAの更新もかなりの費用がかかるため、APAの更新を停止して移転価格の文書化を実施してはどうかという意見が出ています。いかがでしょうか。

　移転価格調査を受けた後に、APAを申請する企業グループは少なくないようです。これは移転価格調査において、企業グループは課税当局と算定方法、検証対象取引、利益水準指標等について議論を尽くし最終的に一定の結論に至っていることが多く、調査対象年度以降の課税関係を安定させるためには、その結論を活かしたAPAを申請することが効率的であるからです。

　BEPS対応の移転価格文書化に関しては、企業グループの取引規模についていくつかの閾値が設定されています。例えば、CbCレポートとマスターファイルの提出義務を判断する企業グループの連結収入額の1000億円や、ローカルファイルの同時文書化義務を判断する関連者間の取引金額の50億円という閾値は、わが国の移転価格の税務執行を考える上で、重要な基準と考えられます。

さらにAPAの申請に関しては，対象となる関連者取引の金額について何も金額的な条件はありませんが，実務上はあまりに少額なものは事実上，受け付けてもらえない可能性もあります。貴社のAPAの対象取引の50億円〜60億円という水準は，他の一般的なAPA事案に比べると少額であるように思われます。

APAが合意されれば，原則として確認対象取引について移転価格調査が行われることはありません。もし合意されたALPレンジから外れることがあり，補償調整を行うことになったとしても，補償調整はAPAの枠組みの中で認められた所得の再配分ですので，それ自体が国外関連者に対する寄附金に認定されることはありません。また，合意されたALPレンジも原則として変更されることはありませんので，ベンチマーキングを毎期実施する必要もありません。APAの継続を停止した場合には，このようなメリットは失われてしまいます。しかし，貴社グループのAPAの対象取引が常に合意レンジから外れることがないようにコントロールされているのであれば，貴社グループがAPAを申請していなかったとしても，移転価格文書の中に設定した独立企業間価格レンジを遵守することが可能なのではないでしょうか。そうであれば，APAの更新を停止して移転価格文書化を作成してローカルファイルにおいて設定された独立企業間価格レンジを遵守するというポリシーに変更されても問題はないように思われます。

万一，独立企業間価格レンジから外れた場合には，移転価格の更正リスクが生じますので，移転価格の価格調整金を導入することで，補償調整と同じような効果を得ることができますので活用を検討されてはいかがでしょうか。

Q 18 毎期のALPレンジのアップデートの必要性

当社は国外関連者の移転価格文書は,わが国の税務調査のタイミングに合わせて3年程度に一度の頻度で更新をしておりました。この度,BEPS対応のローカルファイルを作成することとなりましたが,税務調査が実施されない可能性の高い事業年度においても,独立企業間価格レンジのアップデートは必要でしょうか。

ローカルファイルの更新につきましては,原則的には毎期実施することが望ましいと考えられます。これは貴社の検証対象となっている国外関連取引の利益率等は当然毎期異なりますし,比較対象取引(企業)の利益率も変動します。したがって,昨年算定したALPレンジをそのまま用いた場合に,今年の実績値が必ずしもそのレンジ内に入るという保証はありません。万一,独立企業間価格レンジから外れてしまった場合には,関連者間の取引価格等を見直す等適切な対応が必要となりますが,ALPレンジの算定を行わない場合には,そのような対応ができないためにリスクが発生することになります。

ベンチマーキングの更新には2種類あります。1つは,比較対象取引(企業)の見直しを含めたもので,フルスタディと呼ばれるものです。基本的にベンチマーキングの再実施となりますので,場合によってはスクリーニングの条件も変更されます。その結果,比較対象取引(企業)の入れ替えが起こることもあり得ます。もう1つは,比較対象取引(企業)はそのままで,財務データだけを更新するものです。リニューアルと呼ばれています。この場合には国外関連者の果たしている機能および負っているリスクについて変動がなく,比較対象取引(企業)についても同様に変動がないことが前提条件となります。

OECDおよびわが国の課税当局は,前者のフルスタディを原則としながらも,

状況に大きな変化がなければ、後者のリニューアルでも可能であるという見解を示しています。したがって貴社のケースにおいては、経済環境や事業活動について大きな変動がないのであれば、税務調査の実施の直前にフルスタディを実施し、その他の事業年度においてはリニューアルを実施するという方法は合理的とも考えられます。

　また、課税当局の立場からは、ベンチマーキングを毎期実施している企業グループはコンプライアンスの意識が強く、ローカルファイルの信頼性も高いと見られると思われます。税務調査の場面で所得移転の蓋然性を判断する場合に、毎期ベンチマーキングを実施している企業グループであれば、その複数年のベンチマーキングの結果をチェックすることで完了しますので税務行政に対する協力度が高いと評価されるのではないでしょうか。

　貴社は過去、税務調査の実施されない事業年度においては、ベンチマーキングの実施を省略していたようですが、それでは移転価格リスクをタイムリーに把握することができませんので、適切な対応が取れないリスクがあります。関連者取引に係る営業利益率の異状に気づいていれば早期に価格の調整等の対策を講じることができたのに、それが次回のベンチマーキングまで放置された結果、移転価格の更正リスクが高まってしまいます。

　ALPレンジの算定は、移転価格のリスク管理として必要ですが、同時に事業の目標設定や予算の策定の際の基本的な前提にもなりますので、毎期のALPレンジのアップデートをお勧めします。

Q19 関連者取引が複数ある場合の国外関連者の営業利益率の調整方法

当社グループは1つの国外関連者に関連者取引が複数絡んでいるケースがあるため,損益計算の営業利益率から判断して移転価格価格上の問題が存在する可能性があったとしても,どの取引が移転価格上の問題を抱えているかがわかりません。また,もし特定の取引に問題があることが判明しても,その取引についてだけ取引条件や取引価格を調整することについて,関係者の了解を得られるかどうか不明です。

このような場合はどのように対処すればよいのでしょうか。

A 貴社の移転価格ポリシーがどのようになっているのかはわかりませんが,例えば取引単位営業利益法を適用して,国外関連者の売上高営業利益率を一定のALPレンジに入れるというポリシーであると仮定します。検証対象取引の営業利益率がALPレンジの範囲内にある場合には特に問題はありませんが,ALPレンジから外れるような場合には,以下のような問題が発生することがあります。

ある国外関連者Aの個別損益計算書の売上高営業利益率がALPレンジより高くなっていたとします。この国外関連者Aは親会社である貴社から主力部品を輸入し,国外関連者B(製造)から汎用部品を輸入し,これらを組み立てて製品化したものを国外関連者C(販売)販売していたとします。このケースでは国外関連者Aの売上高営業利益率が高い原因として,3つの関連者取引が考えられます。貴社からの仕入,国外関連者Bからの仕入,国外関連者Cへの売上です。

この場合,国外関連者Aの高収益に貢献した取引の取引価格を是正することが必要です。したがって,次の3つの可能性について検討しなければなりません。

① 親会社から主力部品を独立企業間価格より安く仕入れていた
② 国外関連者Bから汎用部品を独立企業間価格より安く仕入れていた
③ 国外関連者Aは完成品を独立企業間価格より高い価格で国外関連者Cに販売していた

ここでまず問題となるのは，どのようにして①～③のどの取引価格が最も移転価格税制上，問題であるのかを突き止めるかということです。答えを見つけだすためには，親会社，国外関連者A，B，Cはそれぞれセグメント損益計算書を作成することが不可欠です。国外関連者Aが高収益であるということはその取引相手である親会社，国外関連者Bまたは国外関連者Cの収益が過少になっているまたは場合によっては損失が発生していることになりますので，それを切出し損益で発見することが重要です。問題取引は1つであるとは限りません。複数の関連者取引が絡んでいるケースも考えられますので，注意深い分析が必要です。

さて，問題取引が特定できた時点で，今度は実際の取引価格等の調整を行うことが必要となります。上記のように関連者取引が複数ある場合には，その責任の所在を明らかにして影響の大きい取引から優先して調整をしていくことになります。

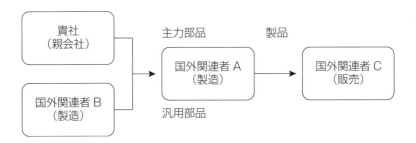

Q20 ローカルファイル作成のタイミング問題

当社は3月決算ですのでローカルファイルの作成提出期限は2018年3月末終了の事業年度に係る申告書提出期限である2018年6月末となります。同時文書化義務を負っている関連者取引のローカルファイルと，同時文書化義務を免除されている関連者取引について自主的に作成する「ローカルファイルに相当する書類」の作成を2017年秋以降にに外部専門家に委託するする予定でおりますが，何か注意すべき点があるでしょうか。

 ローカルファイル等を作成する場合には，データベース上のデータが更新されるタイミングに注意する必要があります。例えば，貴社が2018年3月期のローカルファイルを作成する場合に，比較対象企業の直近の財務データとしては，2018年3月期のものが理想的ではありますが，一般的に企業の財務データがデータベース上で更新されるまでにはタイムラグがあり，2018年夏〜秋となってしまいます。早いタイミングでベンチマーキング分析をすればするほど，実際に入手できる財務データは更新前の古い財務データということになります。したがってベンチマーキングは可能な限り提出期限に近いタイミングで実施することが望ましいということになります。

ところで，実際の税務調査はローカルファイルの作成期限のタイミングで実施されるわけではありません。ローカルファイルを作成してから半年後かもしれませんし，翌年以降になるかもしれません。そう考えると，税務調査の実施のタイミングでベンチマーキングを実施するのが最も合理的なようにも思えます。しかし，わが国の事務運営指針（後掲の［参考］を参照）では，納税者に対してローカルファイルの作成時点での入手可能な情報を用いることを要請していますので，比較対象企業の最新の財務データの入手にあまりに過敏になる

必要はありません。わが国の規則では，調査官に対して調査時点でのベンチマーキングを強制してはいけないとしていることからも，ベンチマーキングが納税者にとってあまりに重荷にならないように配慮しているものと考えられます。

通常，このベンチマーキングは外部専門家に委託するケースが多いと思います。ベンチマーキングを実施できる外部専門家は限られていますので，対応能力に限界があります。わが国では3月決算の企業が多いため，貴社と同様に2018年3月期のローカルファイル作成を予定しているところが多いと思われます。2017年後半からは，おそらくローカルファイル作成業務がピークとなり，外部専門家はおそらく既存のクライアントからの業務を優先的に受注すると思われます。新規に移転価格文書作成の委託をする企業は，状況によっては外部専門家に業務を請けてもらえないリスクがあることに注意が必要です。委託ができたとしても，競争原理が働いて報酬が高くなったり，分析に要する時間が短くなったりすることでローカルファイルの精度が低下するというリスクも考えられます。

　したがって，ローカルファイルの関連者取引分析，機能・リスク分析，移転価格算定方法の分析等は，なるべく早いタイミングで実施し，ベンチマーキングはその時点で暫定的に実施して，ALPレンジの仮レンジに入るかどうかを確認しておくことをお勧めします。提出期限が近付いた時点で，もう一度ベンチマーキングを実施して，その時点で入手可能な情報により独立企業間価格レンジを確定させるというのが理想的です。

[参考] 国税庁　移転価格事務運営指針

2-4（ローカルファイル）

（1）（2）省略

（3）法人が行う同時文書化対象国外関連取引（措置法第66条の4第8項に規定する同時文書化対象国外関連取引をいう。以下同じ。）について，調査において，当該法人に係る国外関連者から支払を受ける対価の額又は当該法人が当該国外関連者に支払う対価の額が独立企業間価格かどうかの検討を行う前に，当該法人に対し，措置法施行規則第22条の10第1項第2号ロ（国外関連者との取引に係る課税の特例）に規定する比較対象取引等の財務情報の更新を求めないことに留意する。

Q21 小規模外資系企業のBEPS対応方法

当社は米国企業が100％出資する日本子会社です。米国親会社から仕入れた商品を日本国内で販売すると同時に，マーケティング活動等を行っております。従来から慣例として売上高営業利益率が5％となるように，期末に調整を行ってきました。

関連者取引の金額は数億円ですので，ローカルファイルの作成義務は免除されていますが，移転価格文書を作成しておらず，また移転価格の価格調整金のアグリーメントも結んでいないことが気になっています。このままでよいのでしょうか。

貴社は，棚卸資産取引に関しては，機能・リスクは限定された販売会社なると思われますが，マーケティング活動等においては，通常の販売会社が保有している機能および負っているリスクを越えて高度な機能を果たし多くのリスクを負っている可能性があります。

なぜなら独立した販売会社であれば，仕入先企業のために多額のマーケティングを負担するとは考えられないからです。

したがって，貴社が負担しているマーケティング費用が通常の販売会社が負担すべき水準であるのか，それを越えているかを明確にし米国親会社との間でマーケティング費用の負担に関する合意が必要となります。

わが国では移転価格税制が導入される前から，いわゆる105％法人と言われる課税方式が実務上利用されていました。主に小規模外資系企業で付加価値の低い役務提供等を行っている場合に，売上高の5％に相当する所得金額が適正利益であるとして課税するもので一種の推定課税と考えられます。

しかし移転価格税制が成熟するに伴い，この105％法人の取扱いについては理論的に問題があるという議論がされるようになりました。移転価格税制の観

点からは，機能・リスクに相違について何も反映されることなく，一律に売上高営業利益率を5％に固定して課税するのは合理的ではありません。

　貴社のケースでは，売上高営業利益率を5％に固定した場合に，真に独立企業間価格レンジ内にあるという保証はありません。したがって単に過去の実務がそうであったからと安易に105％法人としての取扱いを継続するのはお勧めできません。そのためには，適切なベンチマーキングを実施し，貴社の機能・リスク等に適切な独立企業間価格レンジを設定することが重要です。そして期末の調整についても根拠となるアグリーメントが必要ですので，なるべく早く作成することをお勧めします。

グループ内役務提供と対価の回収方法
22

当社は自動車部品の製造業者であり，米国や中国に所在している国外関連者に対して販売等に係るサポートをしております。したがって，その対価を回収する必要があります。その際の役務提供対価の計算には総原価のみを回収する方法とマークアップをした金額を回収する方法があるそうですが，どちらが正しいのでしょうか。

 OECDは，行動計画8-10のレポートにおいて，いわゆるグループ内役務提供（IGS）の中で一定の条件を満たすものについては，「低付加価値グループ内役務提供」と位置付けて，対価算定についての簡便な方法を認める見解を明らかにしています。

(1) OECDの低付加価値役務提供に該当する業務の例

① 役務提供が補助的な性質であるもの
② 役務提供が企業グループの中心的事業に該当しないこと
③ ユニークで価値のある無形資産を必要としないこと，またはそのような無形資産を創り出していないこと
④ 役務提供者が重要なリスクの引受や管理を行うことがないこと，またはそのようなリスクを生じさせることがないこと

低付加価値グループ内役務提供に該当する業務の例

会計
監査
売掛金および買掛金の管理
人事

情報サービス
広報
法務
税務
一般的な事務管理

低付加価値グループ内役務提供に該当しない業務の例

企業グループの中心的事業
研究開発
製造および調達
販売およびマーケティング
天然資源の採取
探査および加工
保険および再保険
金融取引等の重要な無形資産またはリスクを伴う活動

　OECDでは，グループ内役務提供の有償性については，便益テストに基づいて判断することを求めています。低付加価値役務の性質を考えると有償性の判断が非常に難しいため，簡易アプローチが選択できるように提言をしています。簡易アプローチを選択した場合には，原則として役務費用に一定のマークアップが付加されるべきとしています。適用されるマークアップ率は，低付加価値役務の種類にかかわらず5％と提唱されており，納税者がこれを遵守していればベンチマーキング分析をする必要はありません。

（2）わが国の取扱い

　平成30年2月16日に**移転価格事務運営指針**が改訂され（以下「新指針」），企業グループ内の役務提供の対価回収方法として原価基準法に準ずる方法と同等の方法（総原価回収）が容認される範囲が従来の**事務運営指針**（以下「旧指針」）に比べて狭くなり，かつマークアップ5％基準が導入されましたので，注意が必要です。

事務運営指針　新3-9 企業グループ内における役務提供の取扱い	事務運営指針　新3-10 企業グループ内における役務提供に係る独立企業間価格の検討
	(1) 法人と国外関連者との間で行われた役務提供が次に掲げる要件の全てを満たす場合には，その対価の額を独立企業間価格として取り扱う。
イ　企画又は調整	イ　当該役務提供が支援的な性質のものであり，当該法人及び国外関連者が属する企業グループの中核的事業活動に直接関連しないこと。
ロ　予算の管理又は財務上の助言	
ハ　会計，監査，税務又は法務	
ニ　債権又は債務の管理又は処理	ロ　当該役務提供において，当該法人又は国外関連者が保有し，又は他の者から使用許諾を受けた無形資産を使用していないこと。
ホ　情報通信システムの運用，保守又は管理	
ヘ　キャッシュフロー又は支払能力の管理	
ト　資金の運用又は調達	ハ　当該役務提供において，当該役務提供を行う当該法人又は国外関連者が，重要なリスクの引受け若しくは管理又は創出を行っていないこと。
チ　利子率又は外国為替レートに係るリスク管理	
リ　製造，購買，販売，物流又はマーケティングに係る支援	ニ　当該役務提供の内容が次に掲げる業務のいずれにも該当しないこと。 　(イ)　研究開発 　(ロ)　<u>製造，販売，原材料の購入，物流又はマーケティング</u> 　(ハ)　金融，保険又は再保険 　(ニ)　天然資源の採掘，探査又は加工
ヌ　雇用，教育その他の従業員の管理に関する事務	
ル　広告宣伝	
	ホ　当該役務提供と同種の内容の役務提供が非関連者との間で行われていないこと。
	ヘ　当該役務提供を含む当該法人及び国外関連者が属する企業グループ内で行われた全ての役務提供（イからホまでに掲げる要件を満たしたものに限る。）をその内容に応じて区分をし，当該区分ごとに，役務提供に係る総原価の額を従事者の従事割合，資産の使用割合その他の合理的な方法により当該役務提供を受けた者に配分した金額に，<u>当該金額に100分の5を乗じた額を加算した金額</u>をもって当該役務提供の対価の額としていること。
	(後略)

平成30年2月16日　改訂後事務運営指針より抜粋　下線：筆者。

事務運営指針改定後は，総原価回収が認められる企業グループ内役務提供の例示が削除されて，前ページのイ～への要件を満たすものは適切な対価算定であると認めるということになりました。への要件は5％のマークアップですので，基本的な流れとして従来から企業グループ内役務提供といわれていたものは原則5％のマークアップが必要になったと考えられます。

　さて，ご質問の「販売のサポート」は，旧指針には例示されていませんでしたので，企業グループ内役務提供に該当しないと解釈できる余地がありましたが，新指針3-9において，「リ　製造，購買，販売，物流又はマーケティングに係る支援」として明記されましたので，企業グループ内役務提供に該当し，経済的または商業的価値を有するものである場合は，対価の回収が必要となります。しかし新指針3-10においては，「(ロ)　製造，販売，原材料の購入，物流又はマーケティング」は，5％マークアップが認められる役務提供の種類から除外されています。したがって，貴社が実施している販売等に係るサポートについては，5％のマークアップではなく取引単位営業利益法等により適切なマークアップ率を検証する必要があるものと思われます。

わが国の課税当局向けローカルファイルと海外課税当局向けローカルファイル

当社グループでは，国外関連者はすべて現地の専門家に委託してローカルファイルを作成しています。そのローカルファイルは現地法令に合わせて作成されており，英語で記述されています。現地で作成したローカルファイルをそのまま日本の課税当局向けのローカルファイルとして提出しても問題はないでしょうか。

 国外関連者の所在国の移転価格に係る法令がOECD移転価格ガイドラインに準拠している場合には，ローカルファイルはOECDの標準的な形式に沿っていますので，一般的にわが国のローカルファイルと同等と考えられます。

ただし，わが国の課税当局に提出するローカルファイルは，わが国の法令に照らし合わせて適切に作成されたものである必要がありますので，租税措置法施行規則第22条の10第1項および第2項に列挙されている項目がすべて記載されているかどうかを確認し，もし不足があれば補正・追記する必要があります。

一方，国外関連者の所在国の移転価格文書に係る法令がOECDとは異なる情報の提供を求めている場合もあります。

以下オーストラリアの例をご説明します。

オーストラリアは，税務上のリスク評価をするために独自のローカルファイルの規定を導入したものと思われます（所得税賦課法（the Income Tax Assessment Act 1997）のSubdivision 815-E）。OECDのテンプレートで求められる情報の一部に，多くは法人所得税申告書に添付される関連会社間取引明細が加えられています。

特徴1：ローカルファイルは電子的に送付する

　オーストラリアのローカルファイルは，CbCレポートやマスターファイルと同様に，XMLスキーマの形式で電子的に送付することになっている点にも特徴があります。オーストラリアの課税当局は大規模な電子データを入手し，データベース化することが可能と思われます。

特徴2：小規模納税者向けの簡易版のフォームが用意されている

　特定の小規模納税者については簡易版ローカルファイルの提出が認められています。

　下記の条件を満たす場合には，簡易版ローカルファイルの提出条件を満たすことができる可能性があります。ただし，下記の「簡易版ローカルファイルの対象外リスト」に記載される関連当事者による国際取引（International Related Party Dealings，以下「IRPD」）を有する納税者は，簡易版ローカルファイルを利用することができませんので，注意が必要です。

＜簡易版ローカルファイルの対象外取引のリスト＞
・損益取引ではなく，資本的な性質を有する取引がある場合
・知的所有権（IP）のライセンスがある場合
・IPの譲渡がある場合
・デリバティブ取引がある場合

　簡易版ローカルファイルを利用できる条件を満たす納税者は，報告対象の事業体に関する項目（組織構造，事業の説明など）についてのみ提出すればよいことになっています。

＜簡易版　ローカルファイルの基準＞
・出向費の負担（かつ特定の例外条件を満たすもの）
・200万ドル未満またはIRPDの費用若しくは売上高の2％未満にあたる低リスクの役務提供取引（かつ特定の例外条件を満たすもの）

・200万ドル未満またはIRPDの費用若しくは売上高の2％未満にあたる低リスクの棚卸資産取引（かつ特定の例外条件を満たすこと）
・普通株式の発行

上記の取引以外はすべて重要性があると判断されますので，ローカルファイルのパートBに記載して提出する必要があります。

このように，オーストラリアのローカルファイルはOECD加盟国の中でもユニークなスタイルになっていますが，おおむねわが国のローカルファイルと同等と考えられます。

わが国の取扱い

わが国においては，このような簡易版のローカルファイルの規定はありません。ローカルファイルの同時文書化義務を判断する金額基準を満たさなければ，原則としてローカルファイルの同時文書化義務を負いませんが，前述のとおり現実的には税務調査の段階で，ローカルファイルに相当する書類の作成・提出を要請される可能性があります。結局，納税者としては万が一に備えてやはりローカルファイルを作成しなければならないと考えることになります。

しかし，国外関連取引の金額の多寡にかかわらず，一律に潜在的な文書化義務を負わすことについては疑問があります。オーストラリアのように重要性の低い関連者取引については，簡便な説明文書を作成する義務を負わせることにして，ローカルファイルの作成を調査段階では要請しないとするほうが合理的と考えられます。わが国の課税当局もローカルファイルに関しての一種のセーフハーバールールを導入・運用していただければ，中小〜中堅企業の納税者の移転価格文書に係る事務コスト負担を軽減できるものと思います。

第 2 編

マスターファイルおよびローカルファイルの作成ポイント

1 マスターファイルに記載する「主要商品の地理的市場の概要」（措規22の10の5　2号ロ，ハ）は，製品グループごとに市場を地域分けして記載する

　地理的市場の概要として具体的に何を記載するべきか担当者が悩むケースが少なくないようです。課税当局の調査担当者の観点からすると，企業グループの主要な市場がどこにあり，どのくらいの規模の取引を行っているかを理解できるような記載が求められていると考えられます。

　そのような情報は，有価証券報告書を作成している企業グループであれば，セグメント別・地域別売上高の情報に基づいて作成することが可能と思われます。有価証券報告書を作成していない企業グループの場合には，外部の専門業者が作成する市場調査資料または業界の専門誌等を活用して主要製品ごとのマーケット全体の規模や貴社グループの商品が全体に占める割合等について記載をすることになります。

　移転価格調査の視点からは，貴社グループの主力商品が最終的に日本国内で販売されている金額と海外で販売されている金額を明らかにして，その主力商品に係る収益の源泉が国内であるか海外であるかがわかるようにすることが重要です。海外市場が収益の源泉であるということであれば，市場をヨーロッパ，アメリカ，アジア等に区分し，海外のどこの市場が収益の源泉となっているかを確認します。

　右頁の表は貴社グループ全体の事業概要を記載しているものであり，必ずしも国外関連取引の規模を示しているものではないということに注意すべきです。

主要商品 地理的市場の概要

(単位:百万円)

		X事業部 A商品グループ	Y事業部 B商品グループ	Z事業部 C商品グループ
日本国内		4,000	3,000	1,000
海外		8,000	2,000	5,000
内訳	アメリカ	5,000		3,000
	ヨーロッパ	1,000		2,000
	アジア	1,000	2,000	
	その他	1,000		

2 サプライチェーンの概要(措規22の10の5 2号ロ,ハ)は,国税庁が例示する取引フロー図を採用して一覧性を向上させる

　OECDのBEPS行動計画13においては,マスターファイルにおいて主要5事業および主要5商品のサプライチェーンの概要と図表を記載するが求められています。わが国のマスターファイルにおいても同様に,主要5商品およびサービスのサプライチェーンの概要と地理的な市場の概要と,それ以外の商品およびサービスをグルーピングしたものが全体売上高5％以上を占める場合にはその概要と地理的な市場の概要を記載することが求められています。移転価格税制のおいては,関連者取引を俯瞰できる図解資料が大変重要であるということがわかります。

　さて,国税庁が作成した「ローカルファイル作成に当たっての例示集」において,国外関連取引の取引フロー図の例が次頁のように示されています。ただし,わが国のローカルファイルの記載項目を指定した措置法施行規則22条の10第1項においては,サプライチェーンまたは取引フロー図を記載することは明記されておりません。納税者にとってはサプライチェーンまたは取引フロー図をマスターファイルに記載するのか,ローカルファイルに記載するのか判断に迷う可能性がありますので,将来的にはこの措置法施行規則22条の10第1項と「ローカルファイル作成に当たっての例示集」との整合性を検討していただきたいと思います。

　この国税庁の国外関連取引の取引フロー図は,大手税理士法人が慣例的に作成している標準的な取引フロー図に比べて以下のような特徴があります。

・取引は棚卸資産取引と無形資産取引だけでなく,有形資産取引,役務提供取引,金融取引も省略しないで正確に記載する
・<u>法人や国外関連者の枠内には,法人名を記載するだけではなく,主要な機能リスクについて記載する</u>(下線:筆者)
・関連者取引だけを記載するのではなく,材料調達先からエンドユーザーま

例1① 国外関連取引の取引フロー図の例（国外関連者が製造業の場合）

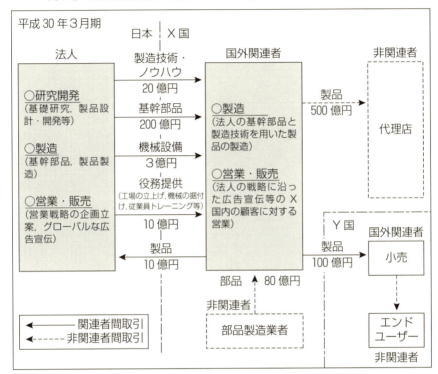

でを含めたサプライチェーン全体の取引全体を記載する
・関連者取引の金額だけでなく，非関連者との取引金額も記載し，取引全体に占める関連者取引の割合が理解できるようにする
・親会社を含まない国外関連者間同士での取引についても省略せずに記載する

一般的に移転価格文書は分析対象の関連者取引の分析が中心となりますが，国税庁の例示では周辺の取引についても記載し，取引の全体像が判るようになっています。一般的な移転価格文書での記載よりその範囲が広く詳細ですが，移転価格上，適切な取引を行っているのであれば，情報の公開について消極的になる必要はないと思います。

法人や国外関連者の枠内に法人名を記載するだけではなく主要な機能・リスクについて記載するのは，機能・リスクの分析を記述している個所と重複しますが，取引フロー図に記載されていることで一覧性が明らかに向上し，企業グループの関連者取引の状況を把握しやすくなると思われます。

国外関連者が現地課税当局にマスターファイルを提出しなければならない場合には，開示する情報の範囲を吟味する

　親会社がわが国のマスターファイルの作成義務を負わない場合であっても，国外関連者が所在国での移転価格法令によりマスターファイルの提出義務を負うことがあります。その場合，国外関連者の行っている事業が，その企業グループ全体の事業の一部であるということはよくあります。マスターファイルには企業グループの事業について概要を説明しなければなりませんが，例えばアジアの新興国に所在する国外関連者の作成するマスターファイルに，全く関連性のない事業に関する情報をどこまで記載するべきかという実務上の疑問が生じています。

　OECDの行動計画13において，マスターファイルを事業別に作成することについても条件を満たせば容認するコメントが載せられています。（C.1. Master file 20）

　・ある事業分野が概ね独立して活動している場合
　・最近買収されたことを事実として証明できる場合

　したがって，国外関連者の事業が他の事業から独立していると認められる場合には，その他の事業に関する記述は省略しても差し支えないと思われます。

　ただし，事業分野ごとに記載したとしても，集中化しているグループ機能や事業分野間の取引については重要な情報となりますので，たとえ事業分野ごとにマスターファイルを作成する場合でも，各国の課税当局に企業グループの適切な概要が提供されるよう，集中化および共通化している事業や機能については包括的な情報をマスターファイルに記載することが必要です。

4 機能の分析においては✔マークや○△×表示は止めて説明を簡記する

　大手税理士法人が作成する移転価格文書において，機能分析の結果を総括して表にする手法はよく用いられています。

（例）

機能	親会社	国外関連者
製造機能	✔✔✔	✔
研究開発	✔✔✔	
販売機能	✔	✔✔✔

　これは各種の機能が親会社と国外関連者との間でどのように分担されているかを視覚的に明示しようとしたものと考えられます。このような形で表示をすることは移転価格文書のスタイルとして定着していると思われますが，調査官に対してはあまり有益な情報ではないように思われます。

　国税庁の「ローカルファイル作成に当たっての例示集」の法人および国外関連者の機能に係る整理表の例は，✔マーク等に代えて部署名，人員および内容が簡記されています。この方が具体的に機能を果たしている部門およびリスクを負っている部門の状況がイメージできるように思います。人数が記載されていることで，親会社と国外関連者の機能・リスクについての定量化についての基礎情報が得られると思います。また，機能の内容について簡記してあることも重要であると思います。例えば，親会社も国外関連者も製造機能を保有している場合にどのような違いがあるかが一目でわかるからです。

　関係部署の業務内容や人数を記載すると，組織変更や人事異動によりその内容が毎期変わるため，文書の更新作業が煩雑になるというデメリットはありますが，国税庁のフォーマットを利用するとそれ以上に一覧性が向上し，効率的な税務調査対応が可能になると思います。

例2①　法人及び国外関連者の機能に係る整理表の例（国外関連者が製造業の場合）

機能に係る整理表

国外関連者名　_____

＜国外関連取引に係る法人及び国外関連者の主な活動を抜き出す。＞

活動区分	法人の機能		国外関連者の機能	
	部署（人員）	内容	部署（人員）	内容
研究開発	研究開発部（○名）	▶国外関連取引を含む事業に係る ・基礎研究 ・製品開発	なし	なし
	製品設計部（○名）	▶製品の ・企画，設計 ・仕様変更時の対応	なし	なし
調達	部品購買部（○名）	▶製品製造に係る ・部品等調達 ・国外関連者の部品等の調達先の選定，決定	資材部（○名）	▶法人が決定した調達先からの部品等の購入 ▶部品等の在庫管理
	製造管理部（○名）	▶製品製造に係る ・機械設備の調達先の選定 ・国外関連者に対する機械設備の販売，据付け等指導	製造管理部（○名）	▶法人等からの機械設備の購入
製造	××工場（製造部（○名））	▶製品，基幹部品の製造 ▶国外関連者の製造拠点への支援（工場立ち上げ時や新しい製造工程の導入時等の従業員の派遣，国外関連者の従業員へのトレーニング実施等）	△△工場（製造部（○名），製造技術部（○名））	▶法人からの基幹部品及び製造技術等を用いた製品の製造 ▶歩留まり率向上のため，気候等に合わせた製造工程（機械設備を含む）の微調整などの改良
営業・販売	海外営業部（○名）	▶グローバルの営業戦略の企画立案 ▶国外関連者の販売管理	営業部（○名）	▶X国の顧客に対する営業 ▶X国の顧客のニーズに係る情報収集及び法人へのフィードバック ▶販売までの在庫管理（平均○台）
	広告宣伝部（○名）	▶グローバルの広告宣伝戦略の企画立案及び実行	広告宣伝部（○名）	▶法人の営業戦略に沿ったX国における広告宣伝の実行

＜1つの活動が法人及び国外関連者で分担されている場合は，それぞれについて記載する。＞

リスクの分析についてはなるべく具体的な数字や金額で表示する

　大手税理士法人の一般的なリスクに係る記述は，一般的にまずリスクの種類別に状況を説明し，最後に親会社または国外関連者のどちらかまたは双方が負担するというような形の表を作成して総括することが多いようです。これに対して，国税庁が作成した「同時文書化対象ガイド」にあるローカルファイルの作成サンプルにおいては，「リスクに係る整理表」という呼び方をして，表形式で記載することを推奨しています。

　特徴的であるのは，「単に〇〇リスクを負っている。」という表現に留めずに，実際にそのリスクが発現する例を説明し，さらにその場合の具体的な影響を数値で記載するようになっていることです。また，そのリスクが過去に顕在化したことがあるかどうかについても記載してされている点は，現実的なリスク負担を検討する上で重要と考えられますので，大変参考になる情報と思われます。例えば，研究開発リスクについては，年間XX億円を研究開発に投資しており，年間平均XXX件の新規案件に対して成功するのはXX件程度である。」と記載されており，より具体的で理解しやすい表現となっています。在庫の価格変動リスクや信用リスクについても，棚卸資産の減耗損の状況や売掛金等の貸倒れの状況について記載することで，リスクの大きさを具体的に把握できるようになると思います。

　移転価格ガイドブック（国税庁）に示された整理表を次頁に示しますので，リスク分析について，国税庁のリスクに係る整理表を参考にして改良されてみてはいかがでしょうか。

国外関連取引に係る当社およびA社のリスクに関する整理表

リスクの種類	リスクの内容	リスクの負担者(リスクを引き受けるために果たす機能)	リスクが顕在化した場合の影響(額)・対応策(顕在化した事例)
研究開発	顧客のニーズの変化，新機種の導入時期の変更等の要因により，研究開発費用が回収できないリスク	当社(顧客のニーズに係る情報収集)	・当該研究開発の規模にもよるが，○億円～○億円程度となる可能性が高い。 ・顧客および市場の情報収集。 (大きく顕在化した事例はない。)
原材料の価格変動	原材料や部材の価格の高騰が販売価格に転嫁できず吸収できないリスク	当社(原材料の調達先の選定および価格交渉，製造コスト削減のための研究開発)A社 ※主となる原材料は当社からの輸入であり，価格設定は当社の調達価格ベースであるものの，著しい価格の高騰分は一定程度当社が負担する契約となっているため，A社の負担は限定的	・価格の高騰する幅によるが，○千万～○千万円程度となる可能性がある。 ・主たる原材料については，当社が一括して購入することから，一定程度の価格交渉力を有している。 (大きく顕在化した事例はない。)
市場価格の変動	市場における競争の激化による販売条件の悪化，需要の悪化等により費用が回収できない又は利益が獲得できないリスク	A社(取引条件等に係る顧客との交渉) ※販売する拠点が負担	当該製品の搭載車種の生産期間に合わせて契約を締結しているため，当該製品の製造中に大きな影響があるというより，次期製品の契約条件に悪影響があることが多い。 (大きく顕在化した事例はない。)
製造ラインの操業度	生産稼働率が不十分な場合，生産休止期間が生じた場合，又は生産過剰の場合に製造に係る費用負担がかさみ，利益が獲得できないリスク	A社(顧客の生産予測計画に係る情報収集) ※製造する拠点が負担	操業度が下がった程度，期間により影響は大きく異なる。 (大きく顕在化した事例はない。)
製品の在庫	棚卸資産を保有していることによる陳腐化，減耗，除却等の経済的損失を被るリスク	A社(顧客の生産予測計画に係る情報収集) ※顧客の厳しい納期要求に対応するため，一定程度の在庫を保有	基本的に顧客仕様の特注品であり，当初の生産計画に基づいて製造されていることから，顧客事情による当該製品の搭載車種の生産中止等がない限り，除却等は発生しない。 (大きく顕在化した事例はない。)
信用	顧客が当該製品に関する支払を支払期日に行わず，対価を回収できないリスク	A社(顧客の与信管理) ※製造した拠点が負担	顧客は日系，米系の大企業であり，信用リスクはほとんどない。 (大きく顕在化した事例はない。)
製造物責任・製品保証	製品が顧客との契約書上の仕様どおり機能しなかった場合等における顧客からのクレーム対応に伴う損失を負担するリスク	A社，当社(製造技術の開発，A社への技術支援) ※一義的にはA社だが，設計や製造工程の指導による不具合は当社	自動車部品の中でも人命に関わる部品ではないことから，莫大な損害になる可能性は少ない。 (大きく顕在化した事例はない。)
為替変動	A国の取引通貨Cと日本円の為替変動に係るリスク(A社にとって，販売の取引通貨はCであり，当社からの調達の取引通貨は日本円であることから発生)	短期的にはA社，中長期的には当社(3か月に1度為替変動に応じ取引価格の見直しを行う。)	・急激な為替変動が起きた場合には，最終的に当社の損益に影響する。 ・当社では取引の80％についてヘッジを行っている。 (大きく顕在化した事例はない。)

6 マスターファイルとローカルファイルで重複する情報はクロスレファレンスで効率化する

　例えば、無形資産については、マスターファイルの記載項目を指定した措置法施行規則22条の10の5第1項において、以下の項目を記述するようになっています。

- ・無形資産の開発、所有、使用に関する包括的な戦略の概要と主要な施設およびR&D管理場所の所在地、
- ・グループ構成会社間で使用される重要な無形資産の一覧表および所有者の一覧表
- ・無形資産の研究開発に要する費用の負担、役務の提供、使用の許諾に関する重要な取決めの一覧表
- ・研究開発および無形資産に関する取引に係る対価の額の設定方針の概要
- ・グループ構成会社間での重要な無形資産の移転に関係する会社名称、所在地、無形資産の対価の額等の概要

マスターファイルに上記の無形資産に係る情報をすべて記載すれば、基本的にはローカルファイルで記載を求められている下記の情報（措置法施行規則22条の10第1項）をすべて包含してしまうのではないかと思います。

> 1号ハ（使用した無形資産）「法第66条の4第1項の法人又は当該法人に係る国外関連者が当該国外関連取引において使用した無形固定資産その他の無形資産の内容を記載した書類」

　金融取引についても同様に、マスターファイルに以下の情報を記載する必要があります。

- ・特定多国籍企業グループの構成会社等の資金の調達方法の概要（当該特定多国籍企業グループの構成会社等以外の者からの資金の調達に関する重要な取決めの概要を含む）
- ・特定多国籍企業グループの構成会社等のうち当該特定多国籍企業グループ

に係る中心的な金融機能を果たすものの名称および本店または主たる事務所の所在地（当該構成会社等が設立に当たって準拠した法令を制定した国または地域の名称および当該構成会社等の事業が管理され，かつ，支配されている場所の所在する国または地域の名称を含む）

・特定多国籍企業グループの構成会社等の間で行われる資金の貸借に係る対価の額の設定の方針の概要

タックスプランニングを活用してイレギュラーな金融取引行っているような企業グループでない限り，上記の金融取引に関する情報をマスターファイルに記載すれば，ローカルファイルに記載する情報をすべて包含してしまうと思われます。

OECDの行動計画においては，マスターファイルとローカルファイルのクロスレファレンスを認めております。ローカルファイルにおいては無形資産および金融取引の記述については，マスターファイルからそのままコピーすることも可能と思われますし，マスターファイルのP.XX参照というような形で引用することも可能と思います。マスターファイルとローカルファイルの間でのクロスレファレンスは認められていますので，躊躇することなく効率的な文書作成を心がければよいと思います。

7 課税当局のALPレンジの考え方に注意する

　わが国の移転価格税制に係る法令・通達においてはALPレンジの算定に当たり，フルレンジを使うか，四分位レンジを使うかについて具体的な判断基準は示されていません。しかし，欧米を中心として移転価格文書のALPレンジの算定においては，一般的に四分位レンジが使用されてきました。フルレンジを使用するのは例外的であり，例えば比較対象企業数が極端に少ない場合等に利用されてきました。

　ところがわが国の課税当局は，四分位レンジを無条件に受け入れるというスタンスではなく，比較可能性が高い企業を選定しているのであれば，あえて四分位レンジを算定する必要はなく，フルレンジで良いとの考え方が根底にあるようです。「移転価格ガイドライン」（国税庁）のローカルファイルの作成サンプルを見ても，サンプル1およびサンプル2のいずれのケースにおいても独立企業間価格レンジはフルレンジを採用しています（ただし，実務上，広く四分位レンジが用いられていることから，参考事例集（事例1解説）において四分位レンジ等の統計的手法を活用することが適切である場合もあるとしています）。

　また，ALPレンジは，移転価格のリスク分析上は大変有用ですが，実績値がALPレンジ内にあるからといって必ずしも移転価格更正リスクがないということではありません。わが国の課税当局が移転価格調査を行う場合には納税者が算定したALPレンジとは別のALPレンジを算定しますので，実績値が課税当局のALPから外れることもあり得ます。その場合，移転した金額を算定するためには，比較する取引はレンジではなく一定の金額である必要がありますので，一般的には，わが国の課税当局が抽出した比較対象取引（企業）の売上高営業利益率等の平均値または中央値が使われることになります。したがって，たとえ実績値が納税者の算定したALPレンジ内にある場合でも，所得移転があると認定された場合には課税されることがあり得るということに注意をする必要があります。

8 無形資産の分析は"DEMPE"に着目する

　OECDの行動計画8において，無形資産の分析は，開発・改良・維持・保護・活用（Development, Enhance, Maintenance, Protection and Development 以下「DEMPE」）という機能に着目して行うことが推奨されています。これは，無形資産の開発に係る資金提供者が実質的に研究開発等を行っていない場合には，その無形資産の所有者として適切ではないという考え方に基づいています。

　近年，マーケティングに係るインタンジブル，商標やブランド名，各種ノウハウ，フランチャイズ，委託研究開発，事業再編のための無形資産の譲渡等に関して，その経済的な価値を高める活動を行った会社とそのコストを負担した会社が一致しないケースが見受けられるようになり，税源浸食と所得移転（BEPS）の温床になっているとして着目されています。OECDは，無形資産の価値創造活動に貢献した会社とそこから得られる収益について整合性が認められるためには，無形資産の創造に係る本質的な機能を果たしていることを求めています。

　従来の日本の移転価格税制に係る法令では，無形資産の実質的な所有者を決定する場合には，「無形資産の法的な所有関係のみならず，無形資産を形成，維持又は発展させるための活動において法人又は国外関連者の行った貢献の程度も勘案する必要があることに留意する。」（国税庁　移転価格事務運営要領（移転価格指針））と表現されてきました。OECDの考え方と似ていますが，法的な所有権を否定しているわけではなく，貢献の程度を判断基準の1つとしています。DEMPEの概念と若干ニュアンスが異なりますので，将来的には整合するように変更される必要があるように思われます。

　OECDのDEMPEの考え方に基づけば，もし資金提供者がDEMPE機能を果たしていない場合には，資金提供者が得られるリターンは通常の資金提供の対価ということになります。具体的には，大きなリスクを負わない投資に対するリターン（予想資本利益率）のレベルが適切ということになります。

単に無形資産の法的な所有権のみを理由として，自動的にリターンが認められることはありません。企業グループの中で以下のような機能を誰がどのように果たしているかを明記することが重要となります。

・研究およびマーケティング・プログラムの立案と統制
・予算の管理および統制
・無形資産の開発プログラムに係る戦略的な意思決定の統制
・無形資産の防御と保護に係る重要な意思決定
・独立企業または関連企業によって実施される，無形資産の価値に重要な影響を与える可能性のある機能に対する継続的な品質管理

親会社が国外関連者に研究開発の一部を委託することはしばしば行われていますが，親会社がその費用負担をしている場合に，研究開発の成果として創出された無形資産が親会社に自動的に帰属するとは限りません。今後の移転価格文書における無形資産については，OECDの行動計画8-10に準拠して適切な分析を行うことが重要となります。現状の無形資産の使用許諾の対価設定が新しいこのOECDのルールに照らし合わせて適切であるかどうかを再検証することが求められているといえます。

切出し損益はPS法を採用していなくても検討する

わが国の移転価格税制に基づくローカルファイル作成における懸念事項の1つとして，納税者の切出し損益の未作成が挙げられます。わが国の課税当局は，納税者の選択した移転価格算定方法が何であるかにかかわらず，関連者間での所得配分の状況確認を重視しています。そのため，従来から租税特別措置法施行規則第22条の10第1項には，「法人および国外関連者の国外関連取引に係る損益の明細を記載した書類」を移転価格文書をとして作成することが要請されているところですが，さらに，「移転価格ガイドライン」（国税庁）のケース4：利益配分においては，日本子会社が連年営業赤字である場合に，調査担当者が国外関連取引に切出し損益の利益配分の状況を確認してその赤字の原因を分析するアプローチが解説されています。

> 「移転価格ガイドライン」（国税庁）ケース4より抜粋
> 調査官の視点
> 　調査担当者は，納税者の事業計画書，経営会議資料及び稟議書等の社内文書により，日本を含むグループ法人の事業戦略を策定しているのは外国親会社であり，日本子会社はこれらの意思決定に関与していないことを確認しました。さらに，国外関連取引に係る<u>切出し損益の利益配分の状況を見ると</u>，外国親会社に営業利益が計上される一方で，納税者には営業赤字が計上されており，損失が継続して発生していること，それにも関わらず，営業赤字を回避するための価格設定の見直しなども講じられていないことが確認されました。これらの事実から，調査担当者は，「連年営業赤字の要因は，納税者が外国親会社の事業戦略に従い販路拡大を達成するための費用を負担させられていることが原因であると想定され，独立企業間であれば，適正な補償がなされない限りこのような活動を継続しないと考えられるため，日本子会社と海外親会社の利益配分に移転価格税制上の問題がす

> るのではないか。」と考えました。(下線：筆者)
>
> まとめ
>
> 　<u>利益配分の検討において，移転価格分析等を行っている場合でも，国外関連取引に係る切出し損益資料を作成していなかったため，利益配分の検討がされていないことがあります。移転価格分析を行う場合には，国外関連取引に係る切出し損益を作成し，国外関連者の機能等を検討した上で，利益配分が適切になっているかを検討することが重要となります。</u>(下線：筆者)

　OECDの行動計画13や諸外国の移転価格文書化規定をみても，切出し損益について記載を求めているものは見当たりませんが，わが国のローカルファイルにおいては，明確に記載を求められているため，独自の対応をする必要があります。

　この切出し損益は，親会社と国外関連者の両方のものが求められていることに注意が必要です。上記の「移転価格ガイドブック」(国税庁) で指摘されているように，一般的な移転価格文書の中 (移転価格の算定方法がPS法である場合を除く) で，このような切出し損益のデータを記載しているものは稀であると思いますが，措置法施行規則22条の10第1項に切出し損益の作成が列挙されていることから，調査官はこの情報の提出を求めることができます。万一，税務調査期間中にこのような要請を受けた場合には，この対応にはかなりの労力が必要となることが予想されます。また，十分な検討ができないまま切出し計算の結果を課税当局に提出すると，想定外の所得配分の歪みが生じて大きなリスクとなる可能性があります。事前に切出し損益を試算し，その結果について確認をしておくことが必要です。切出し損益に計算に係る販管費等の費用の按分計算方法にはいくつかの選択肢がありますので，最も合理的な方法を選択できるように，しっかりと分析を行っておくことをお勧めいたします。

> [参考] 国税庁　ローカルファイル作成に当たっての例示集
>
> １号ヘ（国外関連取引に係る損益の切出し）法第66条の４第１項の法人及び当該法人に係る国外関連者の当該国外関連取引に係る損益の明細並びに当該損益の額の計算の過程を記載した書類

【説明】

　１号ヘに規定する書類は，法人及び国外関連者双方の国外関連取引に係る損益（原則，営業損益 まで算出します。）及び当該損益の額の計算の過程を説明する書類です。移転価格税制においては，独立企業間価格は，原則として取引単位ごとに算定しますので，取引単位に区分し切り出された損益（以下「切出損益」といいます。）の資料が必要になります。具体的には，単体の損益計算書から国外関連取引に係る損益を区分し切り出すことにより作成し，明確に区分できない費用（共通費用）がある場合には，合理的な基準を用いてその費用の配賦を行い，営業損益まで算出します。　なお，国外関連者の仕入が，全て当該法人との取引である場合等には，国外関連者の会社単位の 損益を用いることができます。（中略）

例5-1　国外関連者の国外関連取引に係る切出損益の作成過程を示す図の例

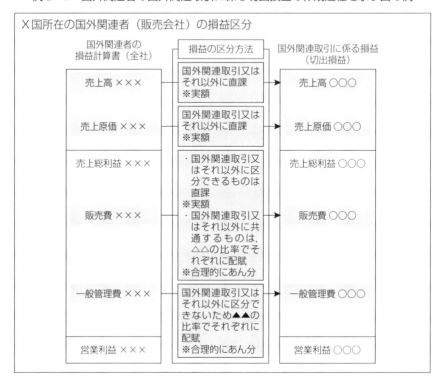

例5-2　法人の各国外関連取引に対する切出損益の作成過程を示す図の例

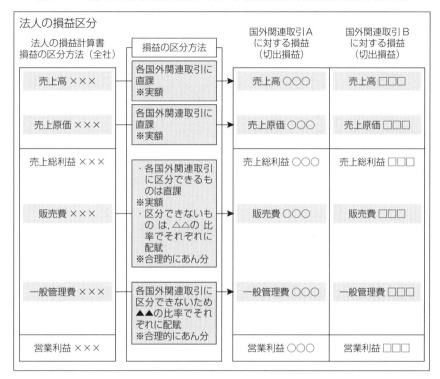

10 移転価格の価格調整金の活用を検討する

「ローカルファイルの作成に当たっての例示集」(国税庁)の2号イ(選定した独立企業間価格の算定方法及び選定理由)の解説部分において,「当該法人が選定した法第66条の4第2項に規定する算定の方法,その他選定に係る重要な前提条件及びその選定の理由を記載した書類」を作成すべきとされています。このタイトルには直接明示されておりませんが,取引価格が独立企業間価格でなかった場合の価格調整方法についての記載が求められていることに注意が必要です。

(ローカルファイルの作成に当たっての例示集の2号イの解説部分より抜粋)
「当該法人が独立企業間価格を算定するにあたり作成した書類において「最も適切な方法として選定した独立企業価格の算定方法を用いて検証した結果,国外関連取引の対価の額が独立企業間価格であるか否か,<u>独立企業間価格でなかった場合の独立企業間価格までの価格調整も合わせて説明する必要があります。</u>」(下線:筆者)

また,記載例7においては,親会社が価格調整金を支払うケースが紹介されています。

(ローカルファイルの作成に当たっての例示集の例7より抜粋)
「取引単位営業利益法に準ずる方法に基づき算出した比較対象取引に係る営業利益率は,○○%～△△%の範囲であり,S社のX年X期の営業利益率は期末時点で●●%とその範囲を下回っていたことから,予め定めていたとおり期末において上記範囲の平均値である◎◎%となるように<u>価格調整金として▲▲円を当社がS社に支払うこととした。</u>」(下線:筆者)

例7　法人が選定した独立企業間価格の算定方法及び選定理由等を説明する書類の例

（前提とした取引）
当社がＸ国に所在する国外関連者Ｓ社に，当社が製造した製品を輸出する取引

項目	内容
1　独立企業間価格の算定方法	取引単位営業利益法に準ずる方法 （検証対象：Ｓ社，検証する利益水準指標：売上高営業利益率）
2　1が最も適切である理由等	独立価格比準法，再販売価格基準法及び原価基準法については，比較可能な取引を把握できなかったことから適用できない。利益分割法については，比較対象取引に係る所得の配分に関する割合及び対象国外関連取引に係る所得の発生に寄与した程度を推測するに足りる要因がそれぞれ把握できなかったため適用できない。よって上記1の方法が最も適切と判断した。 　また，Ｓ社の主な機能は再販売であり，当社に比べてより単純な機能を果たしていることから，Ｓ社を検証対象とし，さらに，Ｓ社は第三者に販売していることから，検証する利益水準指標は売上高営業利益率が適切である。 　なお，準ずる方法を合理的と判断した理由は，事例集【事例1】（参考3）基本三法に準ずる方法のとおり。 【補足資料】 ・上記検討を行った際の資料
3　独立企業間価格の算定方法を当該国外関連取引に適用した算定結果	取引単位営業利益法に準ずる方法に基づき算出した比較対象取引に係る営業利益率は○○％～△△％の範囲であり，Ｓ社の×年×期の営業利益率●●％はその範囲内にあることから，本件取引は独立企業間価格で行われたと言える。 ⇒　取引単位営業利益法に準ずる方法に基づき算出した比較対象取引に係る営業利益率は○○％～△△％の範囲であり，Ｓ社の×年×期の営業利益率は期末時点で●●％とその範囲を下回っていたことから，予め定めていたとおり期末において上記範囲の平均値である◎◎％となるように価格調整金として▲▲円を当社がＳ社に支払うこととした。 【補足資料】 ・検証に用いた資料・検証した結果を示す資料 ・価格調整金計算資料・価格調整金の計上及び支出を示す資料等
4　その他の項目	選定した独立企業間価格の算定方法を適用するに当たり重要な前提条件となるような重要な事業上又は経済上の条件はない。

さらに、事務運営指針には、直接、移転価格調整金の取扱いを示した項目があります。

> 3-20（価格調整金等がある場合の留意事項）
> 　法人が価格調整金等の名目で、既に行われた国外関連取引に係る対価の額を事後に変更している場合には、当該変更が合理的な理由に基づく取引価格の修正に該当するものかどうかを検討する。
> 　当該変更が国外関連者に対する金銭の支払又は費用等の計上（以下「支払等」という。）により行われている場合には、当該支払等に係る理由、事前の取決めの内容、算定の方法及び計算根拠、当該支払等を決定した日、当該支払等をした日等を総合的に勘案して検討し、当該支払等が合理的な理由に基づくものと認められるときは、取引価格の修正が行われたものとして取り扱う。
> 　なお、当該支払等が合理的な理由に基づくものと認められない場合には、当該支払等が措置法第66条の4第3項の規定の適用を受けるものであるか等について検討する。

また、この事務運営指針の参考事例集の事例26においても、価格調整金の事例が紹介されています。

≪前提条件2：法人と国外関連者との事前の取決めに基づいて価格調整金等の支払が行われる場合≫

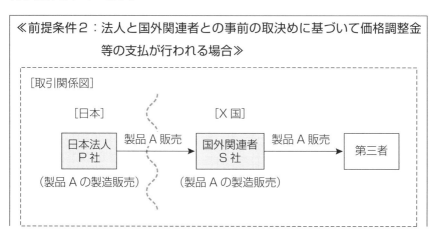

(法人及び国外関連者の事業概況等)

日本法人P社は，製品Aの製造販売会社であり，10年前に製品Aの販売子会社であるX国法人S社を設立した。

(国外関連取引の概要等)

P社はS社に対して製品Aを販売し，S社は購入した製品AをX国内の第三者の代理店に販売している。

基本三法を適用する上での比較対象取引を見いだすことはできなかったが，取引単位営業利益法についてはX国内の公開情報から比較対象取引を見いだすことができたため，P社とS社は，S社を対象とする取引単位営業利益法に基づきS社に対する製品Aの販売価格を設定している。

(価格調整金等の支払等の内容)

P社とS社は，取引単位営業利益法の適用に係る比較対象取引の売上高営業利益率を独立企業間価格の算定に係る指標として，S社の製品A輸入販売取引に係る売上高営業利益率の水準をこれに一致させることとし，各事業年度における製品A輸入販売取引に係る売上高営業利益率の実績値が当該指標と乖離した場合には，当該指標までの調整を行うために期中の取引価格をS社の決算期末で改定する旨を取り決め，覚書を取り交わしている。

S社は，ある事業年度において製品A輸入販売取引に係る売上高営業利益率の実績値が当該指標を下回っていたことから，その事業年度の仕入価格を決算期末で減額調整することとし，これにより調整される金額の明細書をP社に送付した。P社は，当該金額を価格調整金として事業年度の末日に未払計上し，翌事業年度にS社に送金している。

≪移転価格税制上の取扱い≫

P社とS社は，両社が取り交わした覚書に基づき，S社を対象とする取引単位営業利益法により製品Aの取引価格を設定していることから，上記事例においてP社がS社に支払う価格調整金は，あら

かじめ定められた条件の下，法定の独立企業間価格の算定方法に基づいて製品Aの取引価格を変更するものである。また，製品A輸入販売取引に係るS社の売上高営業利益率の実績値が確定するまで取引価格の変更を行う必要があるかどうかの判断ができず，さらにP社はS社から取引価格の調整に係る明細書を受領しないと価格調整金の計上ができないものと認められる。

　以上より，P社が事業年度末に未払計上した価格調整金については，計上理由，国外関連者との事前の取決めの内容，算定の方法，計算根拠，計上を決定した日，計上日等に照らして，合理的な理由に基づく取引価格の修正によるものと認められる（事務運営指針2-20）。（下線：筆者）

　（注）P社とS社が用いている独立企業間価格の算定方法の選定や比較対象取引の選定等は，すべて法令の規定に則して適当な内容であるとの前提を置いている。

≪解説≫

1．法人及び国外関連者が，例えば，国外関連取引に係る取引時の価格を事後に変更，確定等して国外関連取引に係る対価の額を遡及して調整し，当該調整に係る金額を価格調整金等の名目で授受，又は当該国外関連取引に係る費用，収益等として計上することがある。

　　こうした価格調整金等の授受又は計上が合理的な理由に基づいて行われる場合には，通常の取引価格の修正に当たるため，価格調整金等を国外関連取引に係る対価の額に含めて移転価格税制上の検討を行い，その適否を判断する必要がある。

　　なお，国外関連取引に係る対価の額の遡及による変更が，当該国外関連取引と類似する非関連者間取引において同様に行われるものである場合には，当該変更は合理的な理由に基づく取引価格

の修正として取り扱うこととなる。(下線：筆者)
2．国外関連者に対する価格調整金等の支払又は費用等の計上（以下「支払等」という。）が行われている事実が認められた場合には，非関連者間の取引では，特殊な場合を除いて事前の取決めによらずに取引価格の遡及改定等が行われることがないことに留意の上，当該支払等に係る理由，国外関連者との事前の取決めの内容，算定の方法及び計算根拠，当該支払等を決定した日，当該支払等をした日等を総合的に勘案して，合理的なものであるかどうかを判断し，これが合理的なものではないと判断されるときには，措置法第66条の4第3項（（国外関連者に対する寄附金の損金不算入））等の規定の適用について検討する必要がある（事務運営指針2-20）。

例えば，国外関連者に対する財政的支援を目的としている場合や国外関連者との間で取引価格を遡及して改定するための条件があらかじめ定められていない場合，支払額の計算が法定の独立企業間価格の算定方法に基づいていない場合，支払額の具体的な計算根拠がない場合等においては，価格調整金等の支払等は通常合理的なものとは認められないので検討を要する。

なお，価格調整金等の支払等を検討するために必要な資料が法人から提出されない等により，当該価格調整金等の支払等に係る実態を確認することができない状況においては，これを国外関連取引に係る対価の額として取り扱うことができないことに留意する必要がある。

以上から，国税庁は移転価格の価格調整金に対するスタンスは，決して否定的なものではなく，むしろ納税者に対して価格調整金を導入することを推奨しているようにも感じられます。しかし，2017年6月に公表された「移転価格ガイドブック」（国税庁）のローカルファイルの作成サンプルにおいては価格調

整金の適用例は削除されて，ユニラテラルAPAの合意を得ているという前提に変更されており，方向性が少し変わったようにも感じられます。

　価格調整金の効果は，ユニラテラルAPAによく似ています。ユニラテラルAPAにおいて実績値が合意レンジから外れた場合には，補償調整を行う必要がありますが，そのロジックはまさに価格調整金と同じです。異なっているのは，ユニラテラルAPAの合意レンジは課税当局のAPA審査を経て認められたものですが，価格調整金に係る独立企業間価格レンジは納税者側が移転価格文書の中のベンチマーキングで設定したものであることです。価格調整金の独立企業間価格レンジについては，税務調査において調査対象となり，場合によっては課税当局によって更正されるリスクがあるという点です。

　参考事例集やローカルファイル作成に当たっての例示集において，納税者の自発的な価格調整金を容認する例示を示したことで，納税者が価格調整金を利用する心理的なハードルは低くなったと思われます。しかし移転価格税制上の適切となる諸条件を満たすことが必要ですので，上記「移転価格ガイドブック」(国税庁)では，価格調整金の活用事例についてユニラテラルAPAを取得していることを前提とすることで，そのあたりの議論については「移転価格ガイドブック」(国税庁)では避けたかったのかもしれません。

　ところで，価格調整金の運営にあたっては実務上の問題点があります。国税庁の設例はいずれも親会社の所得を国外関連者に再配分するケースであり，逆の国外関連者の所得を親会社に再配分するケースの解説はありません。納税者がこの価格調整金を利用する場合には，どちらのケースであっても価格調整金を支払った場合の二重課税の問題が解消される法的安定性が確保されなければなりません。特に，国外関連者の所在国がアジア新興国である場合には，国外関連者が移転価格調整金の支払った場合の現地の税務調査で否認されるリスクがあります。この問題が解決されない限り，アジア新興国に所在する国外関連者との取引について価格調整金を適用することは困難であると思われます。

わが国の課税当局は移転価格税制の分野において主導的な役割を果たしてきており，今後もアジア新興国等の課税当局に対してOECDの移転価格ロジックを受け入れてグローバルで協調した税務執行が可能となるように対話及び要請を進めていただきたいと思います。

第3編

移転価格文書作成マニュアル

最終親会社等届出事項，国別報告事項（CbCレポート），事業概況報告書（マスターファイル）および独立企業間価格を算定するために必要と認められる書類（ローカルファイル）の概要と記載要領等について，国税庁が公表したものを読みやすくするために編集し必要に応じてコメントを付記しました。

最終親会社等届出事項の概要

最終親会社等届出事項は，以下の4つの項目について提供する場合に作成します。

① 特定多国籍企業グループに係る最終親会社等届出事項
② 最終親会社等届出事項の提供義務者が複数ある場合における代表提供者に係る事項等
③ 国別報告事項の提供義務者が複数ある場合における代表提供者に係る事項等
④ 事業概況報告事項の提供義務者が複数ある場合における代表提供者に係る事項等

【作成義務者】
特定多国籍企業グループの構成会社等である内国法人又は恒久的施設を有する外国法人

なお，「最終親会社等届出事項」を提供すべき内国法人及び恒久的施設を有する外国法人が複数ある場合には，原則として全ての法人に最終親会社等届出事項を提供する義務が生じますが，特例として，これらの法人のうちいずれか一の法人が，報告対象となる会計年度の終了の日までに，e-Taxにより，「最終親会社等届出事項」を代表して「提供する法人に関する情報」（注）を当該一の法人に係る所轄税務署長に提供した場合には，代表となる法人以外の法人は，最終親会社等届出事項を提供する必要がなくなります（措法第66条の4の4第6項）。

【提出期限】

提供内容	提出期限
① 特定多国籍企業グループに係る最終親会社等届出事項 ② 最終親会社等届出事項の提供義務者が複数ある場合における代表提供者に係る事項等	最終親会計年度の終了の日まで
③ 国別報告事項の提供義務者が複数ある場合における代表提供者に係る事項等 ④ 事業概況報告事項の提供義務者が複数ある場合における代表提供者に係る事項等	最終親会計年度の終了の日の翌日から1年以内

※平成28年4月1日以後に開始する最終親会計年度から適用されます。
　①②の提出の際に，③④を同時に提出することも認められます。

＜コメント＞
　3月決算法人が「特定多国籍企業グループに係る最終親会社等届出事項」を提出する場合には，平成29年3月31日までに提出することになります。

【提供方法】
　国税電子申告・納税システム（e-Tax）を使用して，各期限までに提供者の納税地の所轄税務署長に提供してください。
　　※提供手続の詳細については，国税庁のウェブサイトの「多国籍企業情報の報告コーナー」をご覧ください。

【添付書類・部数】
　「最終親会社等届出事項」，「国別報告事項又は事業概況報告事項の提供義務者が複数ある場合における代表提供者に係る事項等」の情報を提供する場合に

は，「最終親会社等届出事項・国別報告事項・事業概況報告事項の提供義務者が複数ある場合における代表提供者に係る事項等の提供（付表）」に詳細を記載して同時に提出する必要があります。

【根拠条文】

租税特別措置法第66条の４の４第３項，第５項及び第６項並びに第66条の４の５第２項

特定多国籍企業グループに係る最終親会社等届出事項 兼最終親会社等届出事項・国別報告事項・事業概況報告事項の 提供義務者が複数ある場合における代表提供者に係る事項等の提供 （初葉）

平成 年月日 税務署長殿	□□ 内外 国国 法法 人人	納 税 地	〒 電話（ ） －	
		本店又は主たる 事務所の所在地	〒	
		（フリガナ） 法 人 名		
		法 人 番 号		
		（フリガナ） 代 表 者 氏 名		

提 供 内 容	次のとおり	□① 特定多国籍企業グループに係る最終親会社等届出事項 （□修正） □② 最終親会社等届出事項の提供義務者が複数ある場合における代表提供者に係る事項等 （□修正） □③ 国別報告事項の提供義務者が複数ある場合における代表提供者に係る事項等 （□修正） □④ 事業概況報告事項の提供義務者が複数ある場合における代表提供者に係る事項等 （□修正）	を提供します。

提供対象の最終親会計年度	自平成 年 月 日 至平成 年 月 日

最 終 親 会 社 等 届 出 事 項	国別報告事項の 提供者の属性	□最終親会社等　□代理親会社等　□その他	
	最 終 親 会 社 等	（フリガナ） 名　　　　称	
		納　　税　　地	
		本店又は主たる事務所の所在地	（所在国：　　　）
		法　人　番　号	
		代　表　者　氏　名	
	代 理 親 会 社 等	（フリガナ） 名　　　　称	
		納　　税　　地	
		本店又は主たる事務所の所在地	（所在国：　　　）
		法　人　番　号	
		代　表　者　氏　名	
	提供義務者が複数ある場合における代表提供者	（フリガナ） 名　　　　称	
		納　　税　　地	
		本店又は主たる事務所の所在地	（所在国：　　　）
		法　人　番　号	
		代　表　者　氏　名	

税 理 士 署 名	

28.06 改正

特定多国籍企業グループに係る最終親会社等届出事項 兼最終親会社等届出事項・国別報告事項・事業概況報告事項の 提供義務者が複数ある場合における代表提供者に係る事項等の提供 （次葉）

国別報告事項の提供義務者が複数ある場合における代表提供者	（フリガナ）名　　　　　称	
	納　　税　　地	
	本店又は主たる事務所の所在地	（所在国：　　　　）
	法　人　番　号	｜　｜　｜　｜　｜　｜　｜　｜　｜　｜　｜　｜
	代　表　者　氏　名	
事業概況報告事項の提供義務者が複数ある場合における代表提供者	（フリガナ）名　　　　　称	
	納　　税　　地	
	本店又は主たる事務所の所在地	（所在国：　　　　）
	法　人　番　号	｜　｜　｜　｜　｜　｜　｜　｜　｜　｜　｜　｜
	代　表　者　氏　名	

第3編　移転価格文書作成マニュアル

最終親会社等届出事項・国別報告事項・事業概況報告事項の提供義務者が複数ある場合における代表提供者に係る事項等の提供（付表）

提供内容	☐ 最終親会社等届出事項 ☐ 国　別　報　告　事　項 ☐ 事　業　概　況　報　告　事　項					の提供義務者が複数ある場合における代表提供者以外の内国法人及び恒久的施設を有する外国法人は次のとおりです。	
	法人区分		法人名	本店又は主たる事務所の所在地	恒久的施設を通じて行う事業に係る主たる事務所等の所在地	代表者氏名	法人番号
	内国法人	外国法人					
1							
2							
3							
4							
5							
6							
7							
8							
9							
10							
11							
12							
13							
14							
15							

28.06改正

2 特定多国籍企業グループに係る最終親会社等届出事項等の記載要領（抄）

1 この様式（初葉及び次葉）は以下の①～④に掲げる情報を提供する場合に使用するものです。

提供する情報の内容に応じて，「提供内容」欄の該当する□に✔マークを記入してください。複数の情報を提供する場合には，同時に該当する内容の□に✔マークを記入してください。（既に提供した内容を修正する場合には，「修正」の□に✔マークを記入してください。）

① 特定多国籍企業グループに係る最終親会社等の情報

特定多国籍企業グループとは，租税特別措置法第66条の4の4第5項（特定多国籍企業グループに係る国別報告事項の提供）の規定により最終親会社等届出事項の提供が義務付けられている特定多国籍企業グループ（同条第4項第3号に規定する特定多国籍企業グループをいいます。）のことです。

最終親会社等とは，同条第4項第5号に規定する最終親会社等のことであり，その情報には，最終親会社等が代理親会社等（同条第4項第6号に規定する代理親会社等をいいます。）を指定した場合には，代理親会社等の情報が含まれます。

② 最終親会社等届出事項の提供義務者が複数ある場合においてこれらの提供義務者を代表して最終親会社等届出事項を提供する法人等の情報（租税特別措置法第66条の4の4第6項）

③ 国別報告事項の提供義務者が複数ある場合においてこれらの提供義務者を代表して国別報告事項を提供する法人等の情報（租税特別措置法第66条の4の4第3項）

④ 事業概況報告事項の提供義務者が複数ある場合においてこれらの提供義務者を代表して事業概況報告事項を提供する法人等の情報（租税特別措置

法第66条の４の５第２項)
　　(注１)　特定多国籍企業グループの構成会社等（租税特別措置法第66条の４の４第４項第４号に規定する構成会社等をいいます。）である内国法人又は恒久的施設を有する外国法人は，例えば，その最終親会社等が外国に所在し，その居住地国において国別報告事項に相当する事項の提供が免除されている場合であっても，我が国の課税当局に最終親会社等届出事項を提供する必要があります。

> ＜コメント＞
> 外国法人である親会社がその居住地国で国別報告事項の提出が免除されていても，日本子会社は最終親会社等届出事項を提出する必要があります。

　　(注２)　②，③及び④の情報を提供した場合には，提供義務者を代表して提供する法人以外の法人はそれぞれ，最終親会社等届出事項（②の情報を提供した場合），国別報告事項（③の情報を提供した場合）及び事業概況報告事項（④の情報を提供した場合）を提供する必要はありません。

２　各欄は，次により記載してください。
(1)　「内国法人・外国法人」欄には，この届出事項の提供者が該当する方の□に✔マークを記入してください。（提供者が恒久的施設を有する外国法人である場合には「外国法人」の□に✔マークを記入ください。）
(2)　「納税地」欄は，次に掲げる法人の区分に応じそれぞれ次の所在地を記載してください。
　　イ　内国法人　届出事項の提供者の本店又は主たる事務所の所在地（国税局長等により納税地の指定を受けている場合には，指定された納税地）
　　　（恒久的施設を有する外国法人　届出事項の提供者の恒久的施設を通じて行う事業に係る事務所，事業所その他これらに準ずるもののうちその主たるものの所在地）
(3)　「本店又は主たる事務所の所在地」欄には，届出事項の提供者の登記してある本店又は主たる事務所の所在地を記載してください。
　　（提供者が恒久的施設を有する外国法人である場合には，「本店又は主たる

事務所の所在地」欄は国外の本店又は主たる事務所の所在地を記載してください。）

⑷ 「法人番号」欄には，届出事項の提供者の法人番号（13桁）を記載してください（法人番号を有しない場合は記載不要です。）。

⑸ 「代表者氏名」欄には届出事項の提供者の代表者の氏名を記載してください（提供者が恒久的施設を有する外国法人である場合には，「代表者氏名」欄には恒久的施設を通じて行う事業の経営の責任者の氏名を記載してください。）。

⑹ 「提供対象の最終親会計年度」欄には，提供対象となる最終親会計年度を記載してください。

⑺ 「最終親会社等届出事項」の各欄

　イ　「国別報告事項の提供者の属性」欄には，国別報告事項の提供者が該当する□に✔マークを記入してください。なお，国別報告事項の提供者が，最終親会社等及び代理親会社等に該当しない場合には「その他」の□に✔マークを記入ください。

　ロ　「最終親会社等」の各欄には，最終親会社等の名称，納税地，本店又は主たる事務所の所在地，法人番号（法人番号を有しない場合は記載不要です。）及び代表者の氏名をそれぞれ記載してください。

　　（なお，最終親会社等が外国法人である場合，「納税地」欄の記載は不要であり，「本店又は主たる事務所の所在地」欄に国外の本店若しくは主たる事務所の所在地及び所在国又はその事業が管理され，かつ，支配されている場所の所在地及び所在国を記載してください）

　ハ　国別報告事項の提供者が代理親会社等である場合には，「最終親会社等」の各欄を記載するとともに，「代理親会社等」の各欄に代理親会社等の名称，納税地，本店又は主たる事務所の所在地，法人番号（法人番号を有しない場合は記載不要です。）及び代表者の氏名をそれぞれ記載してください。

　　（なお，代理親会社等が外国法人である場合，「納税地」欄の記載は不要

であり,「本店又は主たる事務所の所在地」欄に国外の本店若しくは主たる事務所の所在地及び所在国又はその事業が管理され,かつ支配されている場所の所在地及び所在国を記載してください)

ニ 「提供義務者が複数ある場合における代表提供者」の各欄は,1②の情報を提供する場合に記載してください。当該各欄には最終親会社等届出事項を代表して提供する法人の名称,納税地,本店又は主たる事務所の所在地,法人番号(法人番号を有しない場合は記載不要です)及び代表者の氏名をそれぞれ記載してください。

(なお,代表して提供する法人が恒久的施設を有する外国法人である場合には,「納税地」欄に恒久的施設を通じて行う事業に係る事務所,事業所その他これらに準ずるもののうちその主たるものの所在地を記載し,「本店又は主たる事務所の所在地」欄は国外の本店又は主たる事務所の所在地及びその所在国を記載してください。また,「代表者氏名」欄には恒久的施設を通じて行う事業の経営の責任者の氏名を記載してください)

(8) 「国別報告事項の提供義務者が複数ある場合における代表提供者」の各欄は,1③の情報を提供する場合に記載してください。当該各欄には国別報告事項を代表して提供する法人の名称,納税地,本店又は主たる事務所の所在地,法人番号(法人番号を有しない場合は記載不要です)及び代表者の氏名をそれぞれ記載してください。

(なお,代表して提供する法人が恒久的施設を有する外国法人である場合には,「納税地」欄に恒久的施設を通じて行う事業に係る事務所,事業所その他これらに準ずるもののうちその主たるものの所在地を記載し,「本店又は主たる事務所の所在地」欄は国外の本店又は主たる事務所の所在地及びその所在国を記載してください。また,「代表者氏名」欄には恒久的施設を通じて行う事業の経営の責任者の氏名を記載してください)

(9) 「事業概況報告事項の提供義務者が複数ある場合における代表提供者」の各欄は,1④の情報を提供する場合に記載してください。当該各欄には事業概況報告事項を代表して提供する法人の名称,納税地,本店又は主たる事務

所の所在地，法人番号（法人番号を有しない場合は記載不要です）及び代表者の氏名をそれぞれ記載してください。

　（なお，代表して提供する法人が恒久的施設を有する外国法人である場合には，「納税地」欄に恒久的施設を通じて行う事業に係る事務所，事業所その他これらに準ずるもののうちその主たるものの所在地を記載し，「本店又は主たる事務所の所在地」欄は国外の本店又は主たる事務所の所在地及びその所在国を記載してください。また，「代表者氏名」欄には恒久的施設を通じて行う事業の経営の責任者の氏名を記載してください）

⑽　1②，③及び④の情報を提供する場合には，「最終親会社等届出事項・国別報告事項・事業概況報告事項の提供義務者が複数ある場合における代表提供者に係る事項等の提供（付表）」を併せて記載し，各届出（報告）事項の提供を要しないこととされる法人の情報を提出してください。

⑾　「最終親会社等届出事項・国別報告事項・事業概況報告事項の提供義務者が複数ある場合における代表提供者に係る事項等の提供（付表）」は，次により記載してください。記載に当たっては，1②，③及び④の情報を提供することによりその提供を要しないこととされる法人を全て記載してください。

　イ　「提供内容」欄は，提供する内容に応じ該当する□に✔マークを記入ください。該当する全ての□に✔マークを記入して複数の情報を同時に提供することができます。ただし，提供する情報が同一である場合に限ります。

　ロ　「法人区分」欄は，各届出（報告）事項の提供を要しないこととされる法人が該当する欄に○印を記載してください。

　　（なお，当該法人が恒久的施設を有する外国法人である場合には，「外国法人」に○印を記載してください）

　ハ　内国法人に係る情報を記載する場合には，「恒久的施設を通じて行う事業に係る主たる事務所等の所在地」欄の記載は不要です。

　　（恒久的施設を有する外国法人に係る情報を記載する場合には，「本店又は主たる事務所の所在地」欄に国外の本店又は主たる事務所の所在地を記載し，「恒久的施設を通じて行う事業に係る主たる事務所等の所在地」欄

に恒久的施設を通じて行う事業に係る事務所，事業所その他これらに準ずるもののうちその主たるものの所在地を記載してください。また，「代表者氏名」欄には恒久的施設を通じて行う事業の経営の責任者の氏名を記載し，「法人番号」欄には法人番号（13桁）を記載してください（法人番号を有しない場合は記載不要です））。

国別報告事項の概要

租税特別措置法第66条の4の4(特定多国籍企業グループに係る国別報告事項の提供)に規定する特定多国籍企業グループに係る国別報告事項を提供する場合に作成します。

[手続対象者]
特定多国籍企業グループの最終親会社等又は代理親会社等
(ただし,特定多国籍企業グループの最終親会社等の居住地国(我が国を除きます)の租税に関する法令を執行する当局が,国別報告事項に相当する情報の提供を我が国に対して行うことができないと認められる場合として,租税特別措置法施行令第39条の12の4第1項で定める場合に該当するときは,特定多国籍企業グループの構成会社等である内国法人又は恒久的施設を有する外国法人が対象者となります)
国別報告事項を提供しなければならないこととされる内国法人及び恒久的施設を有する外国法人が複数ある場合,「特定多国籍企業グループに係る最終親会社等届出事項兼最終親会社等届出事項・国別報告事項・事業概況報告事項の提供義務者が複数ある場合における代表提供者に係る事項等の提供」及び「最終親会社等届出事項・国別報告事項・事業概況報告事項の提供義務者が複数ある場合における代表提供者に係る事項等の提供(付表)」を提供することにより,いずれか一の法人がこれらの法人を代表して提供することができます。

[提供期限]
最終親会計年度の終了の日の翌日から1年以内

[適用年度]
平成28年4月1日以後に開始する最終親会計年度から適用されます。

[提供方法]
国税庁の国税電子申告・納税システム(e-Tax)を使用して,上記期限まで

に提供者の納税地の所轄税務署長に提供してください。提供手続については，「e-Taxホームページの多国籍企業情報の報告コーナー」をご覧ください。

[添付書類・部数]

次の書類を添付してください。

表1　居住地国等における収入金額，納付税額等の配分及び事業活動の概要

表2　居住地国等における多国籍企業グループの構成会社等一覧

表3　追加情報

[根拠条文]

租税特別措置法第66条の4の4第1項及び第2項

国別報告事項
Country-by-Country Report

表1 居住地国等における収入金額、納付税額等の配分及び事業活動の概要
Table 1. Overview of allocation of income, taxes and business activities by tax jurisdiction

多国籍企業グループ名　Name of the MNE group：
対象事業年度　　　　　Fiscal year concerned：
使用通貨　　　　　　　Currency used：

居住地国等 Tax Jurisdiction	収入金額 Revenues			税引前当期利益(損失)の額 Profit (Loss) before Income Tax	納付税額 Income Tax Paid (on Cash Basis)	発生税額 Income Tax Accrued - Current Year	資本金の額 Stated Capital	利益剰余金の額 Accumulated Earnings	従業員の数 Number of Employees	有形資産(現金及び現金同等物を除く)の額 Tangible Assets other than Cash and Cash Equivalents
	非関連者 Unrelated Party	関連者 Related Party	合計 Total							

29.12 改正

第3編 移転価格文書作成マニュアル 103

表2 居住地国等における多国籍企業グループの構成会社等一覧
Table 2. List of all the Constituent Entities of the MNE group included in each aggregation per tax jurisdiction

多国籍企業グループ名 Name of the MNE group ：
対象事業年度 Fiscal year concerned ：

居住地国等 Tax Jurisdiction	居住地国等に所在する構成会社等 Constituent Entities Resident in the Tax Jurisdiction	居住地国等が構成会社等の所在地と異なる場合の居住地国等 Tax Jurisdiction of Organisation or Incorporation if Different from Tax Jurisdiction of Residence	主要な事業活動 Main business activity (ies)											
			研究開発 Research and Development	知的財産の保有又は管理 Holding or Managing Intellectual Property	購買又は調達 Purchasing or Procurement	製造又は生産 Manufacturing or Production	販売、マーケティング又は物流 Sales, Marketing or Distribution	管理、運営又はサポート・サービス Administrative, Management or Support Services	非関連者への役務提供 Provision of Services to Unrelated Parties	グループ内金融 Internal Group Finance	規制金融サービス Regulated Financial Services	保険 Insurance	株式・その他の持分の保有 Holding Shares or Other Equity Instruments	休眠会社 Dormant	その他 Other[1]
	1.														
	2.														
	3.														
	1.														
	2.														
	3.														

[1] 構成会社等の事業活動の性質について、「追加情報」の欄に明記してください。
Please specify the nature of the activity of the Constituent Entity in the "Additional Information" section.

表3 追加情報
Table 3. Additional Information

多国籍企業グループ名 Name of the MNE group :
対象事業年度 Fiscal year concerned :
（必要と考えられる追加の情報や国別報告事項に記載された情報への理解を円滑にする説明等を英語で記載してください。） Please include any further breif information or explanation you consider necessary or that would facilitate the understanding of the compulsory information provided in the Country-by-Country Report.

特定多国籍企業グループに係る
国別報告事項の記載要領

1 この様式は，租税特別措置法第66条の4の4（特定多国籍企業グループに係る国別報告事項の提供）に規定する特定多国籍企業グループに係る国別報告事項を提供する場合に使用します。

2 この国別報告事項は，国税電子申告・納税システム（e-Tax）を使用して，最終親会計年度の終了の日の翌日から1年以内に，提供者の納税地の所轄税務署長に提供してください。

3 各欄は，次により記載してください。
(1) 「納税地」欄は，次に掲げる法人の区分に応じそれぞれ次の所在地を記載してください。
　イ　内国法人その本店又は主たる事務所の所在地（国税局長等により納税地の指定を受けている場合には，指定された納税地）
　　（恒久的施設を有する外国法人恒久的施設を通じて行う事業に係る事務所，事業所その他これらに準ずるもののうちその主たるものの所在地）
(2) 「本店又は主たる事務所の所在地」欄には，提供者の登記してある本店又は主たる事務所の所在地を記載してください。
　（提供者が恒久的施設を有する外国法人である場合には，「本店又は主たる事務所の所在地」欄は国外の本店又は主たる事務所の所在地を記載してください）
(3) 「法人番号」欄には，提供者の法人番号（13桁）を記載してください（法人番号を有しない場合は記載不要です）。
(4) 「代表者氏名」欄には提出者の代表者の氏名を記載してください。（提供者が恒久的施設を有する外国法人である場合には，恒久的施設を通じて行う事

業の経営の責任者の氏名を記載してください）

(5) 「提供対象の最終親会計年度」欄には，提供対象となる最終親会計年度を記載してください。

(6) 「提供者の属性」欄には，国別報告事項の提供者が該当する□に✔マークを記入してください。

　なお，最終親会社等及び代理親会社等に該当しない内国法人又は恒久的施設を有する外国法人が国別報告事項の提供を行う場合には，「その他」の□に✔マークを記入してください。

(7) 「(提供者が最終親会社等以外の場合) 最終親会社等」の欄は，次により記載してください。

　イ　国別報告事項の提供者が最終親会社等である場合，記載は不要です。

　ロ　国別報告事項の提供者が最終親会社等でない場合には，外国に所在する最終親会社等の名称，本店若しくは主たる事務所の所在地及び所在国又はその事業が管理され，かつ，支配されている場所の所在地及び所在国，法人番号（法人番号を有しない場合は記載不要です。）並びに代表者の氏名をそれぞれ記載してください。

(8) 「特定多国籍企業グループに係る最終親会社等届出事項の提供年月日」欄には，この様式により国別報告事項の提供を行う最終親会計年度に係る最終親会社等届出事項の提供を行った日付を記載してください（提供した内容を修正した場合には，最後に提供を行った日付を記載してください）。

　なお，当該最終親会社等届出事項が未提供である場合には，速やかに提供してください。

(9) 国別報告事項を提供しなければならないこととされる内国法人及び恒久的施設を有する外国法人が複数ある場合において，当該内国法人及び恒久的施設を有する外国法人のうちいずれか一の法人がこれらの法人を代表して国別報告事項を提供する場合は，「特定多国籍企業グループに係る最終親会社等届出事項兼最終親会社等届出事項・国別報告事項・事業概況報告事項の提供義務者が複数ある場合における代表提供者に係る事項等の提供」及び「最終

親会社等届出事項・国別報告事項・事業概況報告事項の提供義務者が複数ある場合における代表提供者に係る事項等の提供（付表）」を提供してください。

⑽　この様式には，次の書類を英語で作成して添付してください。

　　表１　居住地国等における収入金額，納付税額等の配分及び事業活動の概要
　　表２　居住地国等における多国籍企業グループの構成会社等一覧
　　表３　追加情報

国別報告事項を自主的に提供した場合の取扱いについて

　平成28年6月29日，経済協力開発機構（OECD）は，多国籍企業グループの最終親会社等が国別報告事項の提供が義務付けられる最終親会計年度よりも前の最終親会計年度（平成28年1月1日以後に開始する最終親会計年度に限ります）に係る国別報告事項の提供を行う場合，その多国籍企業グループの他の構成会社等は国別報告事項の提供が求められないとするガイダンス「Guidance on the Implementation of Country-by-Country Reporting: BEPS Action13」を公表しました。

　これを受けて，内国法人が平成28年1月1日から平成28年3月31日までの間に開始する最終親会計年度の国別報告事項を次に掲げる日までに所轄税務署長に自主的に提供した場合には，一定期間内に租税条約等の情報交換の仕組みを通じて，その多国籍企業グループの他の構成会社等の居住地国の税務当局にその国別報告事項が提供されます。

【提供する日】
　最終親会社等届出事項：平成29年3月31日まで
　国別報告事項：平成30年3月31日まで
　ただし，平成30年3月31日までに当局間合意(注)の効力を有していない国又は地域の税務当局に対しては，自主的な国別報告事項は提供されません。

　　（注）　国別報告事項又はこれに相当する情報を相互に提供するための財務大臣と日本以外の国又は地域の権限ある当局との間の国別報告事項等の提供方法等に関する合意のこといいます。

6 国別報告事項(表1〜表3)の記載要領

表1 居住地国等における収入金額,納付税額等の配分及び事業活動の概要

(1) 居住地国等に記載する情報の範囲

　表1には,特定多国籍企業グループの構成会社等ごとに当該構成会社等の情報を記載します。

　構成会社等とは,次の会社等(会社,組合その他これらに準ずる事業体(外国におけるこれらに相当するものを含みます)をいいます)をいいます。

① 企業グループの連結財務諸表にその財産及び損益の状況が連結して記載される会社等

　※連結財務諸表にその財産及び損益の状況が連結して記載されるかどうかの判断は,最終親会社等が採用する会計処理の基準に従い行ってください。

　　例えば,連結財務諸表規則に従い連結財務諸表を作成している場合には,連結子会社(連結財務諸表規則第2条第4号(定義)に規定する連結子会社をいいます)が構成会社等となります。ただし,有効な支配従属関係が存在しないと認められ,子会社(同条第3号に規定する子会社をいいます)に該当しないとされているもの(例:更生会社,破産会社)及び関連会社は構成会社等に該当しません。また,最終親会計年度において特定多国籍企業グループから離脱した会社等は構成会社等に該当しません。

② 企業グループの連結財務諸表において,当該会社等の資産,売上高(役務収益を含みます),損益,利益剰余金,キャッシュフローその他の項目からみて,連結の範囲から除いても企業グループの財政状態,経営成績及びキャッシュフローの状況に関する合理的な判断を妨げない程度に重要性が乏しいことにより連結の範囲から除かれる会社等(その企業グループの他の会社等がその会社等に係る議決権の過半数を自己の計算において所有していることその他の事由により当該会社等の意思決定機関を支配している場合における当該会社等に限ります)

　※例えば,連結財務諸表規則に従い連結財務諸表を作成している場合には,連結財務諸表規則第5条第2項(連結の範囲)の規定により連結の範囲から除かれた子会社が該当します。

③ 企業グループにおける支配会社等の株式又は出資を金融商品取引所等に上場するとしたならば作成されることとなるその企業グループの連結財務諸表にその財産及び損益の状況が連結して記載される会社等

※例えば，連結財務諸表規則に従い連結財務諸表を作成するとしたならば，連結子会社に該当することとなる子会社が構成会社等となります。ただし，有効な支配従属関係が存在しないと認められ，子会社に該当しないこととなるもの（例：更生会社，破産会社）及び関連会社となる会社等は構成会社等に該当しません。

④ 企業グループにおける支配会社等の株式又は出資を金融商品取引所等に上場するとしたならば作成されることとなるその企業グループの連結財務諸表において，当該会社等の資産，売上高（役務収益を含みます），損益，利益剰余金，キャッシュフローその他の項目からみて，連結の範囲から除いても企業グループの財政状態，経営成績及びキャッシュフローの状況に関する合理的な判断を妨げない程度に重要性が乏しいことにより連結の範囲から除かれる会社等（その企業グループの他の会社等がその会社等に係る議決権の過半数を自己の計算において所有していることその他の事由により当該会社等の意思決定機関を支配している場合における当該会社等に限ります）

※例えば，連結財務諸表規則に従い連結財務諸表を作成するとしたならば，連結財務諸表規則第5条第2項の規定により連結の範囲から除かれることとなる子会社は構成会社等となります。

　なお，構成会社等の居住地国以外の国又は地域に所在する当該構成会社等に係るPEを通じて事業が行われる場合，当該PEに関する情報については当該PEが所在する国又は地域に記載します。PEを通じて事業が行われるかどうかは，PEを通じて行われる事業から生ずる所得に対し，当該PEが所在する国又は地域において課される法人税又は法人税に相当する税があるかどうかで判定します。当該PEが所在する国又は地域において法人税に相当する税がない場合には，原則どおり当該PEを通じて事業が行われるかどうかで判定します。

(2) 使用する財務諸表等

イ　国別報告事項の作成に当たっては，構成会社等の財務諸表，最終親会社等の連結パッケージ及び内部管理会計のデータのうちいずれかを使用することができます。なお，それらのうち選択したものを「表3追加情報」に

記載し，毎期継続して使用してください。
- ロ　国別報告事項に記載する収入金額，税引前当期利益（損失）の額，納付税額及び発生税額については，居住地国等ごとに記載した額の合計額が連結財務諸表に記載した額と一致しなくても差し支えありません。
- ハ　構成会社等の財務諸表等に記載した金額を国別報告事項の各欄に記載する場合，当該財務諸表等の会計年度における電信売買相場の仲値又は電信買相場の平均値により，最終親会社等の連結財務諸表において表示される通貨に換算してください。
- ニ　構成会社等の居住地国等の会計基準の適用から生ずる差異を調整する必要はありません。
- ホ　構成会社等の会計年度が最終親会計年度と異なる場合において，当該構成会社等の会計年度が当該最終親会計年度の終了日前1年以内に終了するときは，当該構成会社等の会計年度に係る財務諸表等の情報を使用することができます。
- ヘ　最終親会社等の連結パッケージから作成する場合，連結財務諸表を作成するに当たって使用する為替相場を使用して差し支えありません。また，会計年度が12か月でない場合に，12か月を基準とした数値となるように調整する必要はありません。

(3) 多国籍企業グループ名

「多国籍企業グループ名」欄には，特定多国籍企業グループの最終親会社等の名称を記載してください（表2及び表3において同じです）。

(4) 対象事業年度

「対象事業年度」欄には，提供対象となる最終親会計年度を記載してください（表2及び表3において同じです）。

(5) 使用通貨

「使用通貨」欄には，最終親会社等の連結財務諸表において表示されている通貨を記載してください。

(6) 居住地国等

「居住地国等」欄には，特定多国籍企業グループの構成会社等の居住地国の名称及び当該構成会社等の居住地国以外の国又は地域に所在する当該構成会社等に係るPEを通じて事業が行われる場合における当該国又は地域の名称を全て記載してください。

なお，PEを通じて事業が行われるかどうかは，(1)と同様に判定してください。居住地国とは，次に掲げる会社等の区分に応じてそれぞれ次の国又は地域をいいます。

イ　外国の法令において，当該外国に本店若しくは主たる事務所又はその事業が管理され，かつ，支配されている場所を有すること，その他当該外国にこれらに類する場所を有することにより，法人税に相当する税を課されるものとされている会社等（ハに掲げる会社等を除きます）

当該外国

ロ　外国に本店又は主たる事務所を有する会社等（イに掲げる会社等を除きます。）

当該外国

ハ　日本国内に本店又は主たる事務所を有する会社等

日本

(7) 収入金額

「収入金額」の各欄には，売上高のほか，受取利息及び有価証券利息，受取配当金（他の構成会社等から受領した配当金を除きます。），有価証券売却益，為替差益，引当金戻入益，持分法による投資利益，固定資産売却益，負ののれん発生益などの科目により財務諸表等に記載される全ての収益の額の合計額を居住地国等ごとに記載してください。

※有価証券及び固定資産の売却取引等については，当該取引から生ずる売却益を財務諸表等に計上している場合には当該売却益を収入金額とします。売却益と売却損を別建てで計上している場合には売却損を売却益から控除しませんが，売却益と売却損を相殺して売却益を計上している場合には相殺後の売却益を収入金額とします。

イ　非関連者

「非関連者」欄には，他の構成会社等との取引以外の取引から生ずる特定多国籍企業グループの全ての構成会社等の収入金額を居住地国等ごとに合計した額を記載してください。

ロ　関連者

「関連者」欄には，他の構成会社等との取引から生ずる特定多国籍企業グループの全ての構成会社等の収入金額を居住地国等ごとに合計した額を記載してください。

ハ　合計

「合計」欄には，上記イ及びロの合計額を記載してください。

※(7)～(12)及び(14)に共通する留意事項
　　金額は小数点及びコンマを付さない整数の最小単位（1円，1ドル等）としてください。なお，百万円単位で記載する場合，当該単位未満は全て0を記載してください。（例）12億3千4百万円の場合1234000000円

(8)　税引前当期利益（損失）の額

「税引前当期利益（損失）の額」欄には，特定多国籍企業グループの全ての構成会社等の税引前当期利益（損失）の合計額を居住地国等ごとに記載してください。なお，税引前当期利益（損失）の額には，特別損益を含みます。

※(7)の収入金額には他の構成会社等からの受取配当金を含みませんが，財務諸表等の税引前当期利益（損失）に他の構成会社等からの配当を含めているときは，(8)の税引前当期利益（損失）の額にはその受取配当金を含めて記載します。

(9)　納付税額

「納付税額」欄には，特定多国籍企業グループの全ての構成会社等が対象会計年度中に実際に納付した所得に対する国税及び地方税（例：法人税，法人住民税，法人事業税）の合計額（対象会計年度以前の会計年度に係る追徴税額を含みます）を居住地国等ごとに記載してください。

対象会計年度中に還付された国税及び地方税を収入金額に計上している場合には，その還付金を納付税額と相殺する必要はありませんが，「表3　追加情報」に，「還付された国税及び地方税は収入金額に計上し，納付税額には含まれていない（Tax refunds are reported in Revenues and not in Income

Tax Paid（on Cash Basis）.）」を記載してください。

また，還付金と納付税額を相殺して財務諸表等に計上している場合は，相殺後の納付税額を記載します。

なお，納付税額には，構成会社等が直接納付した税額（例：前期確定分，当期中間分）だけでなく，他の者が当該構成会社等への支払に係る所得税を源泉徴収して納付した税額を含みます。

※例えば，居住地国Aの構成会社等であるa社が，B国の構成会社等であるb社へ金銭等の貸付けを行い，b社がa社に対する支払利息に係る所得税を源泉徴収してB国で納付した場合には，当該所得税の額は居住地国Aの欄に記載します。

⑽ 発生税額

「発生税額」欄には，特定多国籍企業グループの全ての構成会社等の対象会計年度の帳簿上の所得に係る国税及び地方税の発生税額（例：当期中間分，未払の当期確定分）の合計額を居住地国等ごとに記載してください。発生税額には，対象会計年度に係る発生税額のみを記載し，繰延税金資産や繰延税金負債及び対象会計年度以前の会計年度に係る追徴税額を含みません。

また，対象会計年度に係る国税及び地方税の還付金を収入に計上している場合には，当該還付金を納付税額と相殺する必要はありませんが，還付金と納付税額を相殺して財務諸表等に計上している場合は，相殺後の納付税額を記載します。

⑾ 資本金の額

「資本金の額」欄には，特定多国籍企業グループの全ての構成会社等の対象会計年度末の資本金の額又は出資金の額の合計額を居住地国等ごとに記載してください。

（PEについては，居住地国等の規制により資本要件が定められている場合には，PEに配賦される資本金の額又は出資金の額をPEの所在する国又は地域に記載し，居住地国等の規制により資本要件が定められていない場合には，PEが属する構成会社等の居住地国に記載してください）

なお，資本金の額又は出資金の額には資本剰余金の額は含めません。

⑿　利益剰余金の額

　「利益剰余金の額」欄には，特定多国籍企業グループの全ての構成会社等の対象会計年度末の利益剰余金の合計額を居住地国等ごとに記載してください。

　また，一の居住地国等に複数の構成会社等がある場合において，いずれかの構成会社等の利益剰余金の額がマイナスであるときには，「表3　追加情報」に「［居住地国名］の利益剰余金には，マイナスの利益剰余金を含む（Accumulated earnings include negative figures for jurisdiction［居住地国名］.）」を記載してください。

⒀　従業員の数

　「従業員の数」欄には，特定多国籍企業グループの全ての構成会社等のフルタイムに相当する従業員総数を居住地国等ごとに記載してください。

　従業員の数については，対象会計年度末や対象会計年度平均の従業員数又はこれらに類する基準に基づき記載してください。また，構成会社等の通常の業務に従事する外部職員（独立請負人）も従業員数に含めることができます。

　居住地国等の間の従業員数の配分を著しく歪めない場合には，四捨五入した数若しくは概数又は有価証券報告書に記載している従業員数を基礎として計算した各居住地国等の従業員数を記載しても差し支えありません。ただし，従業員数の報告方法は毎期継続して使用してください。

⒁　有形資産（現金及び現金同等物を除く）の額

　「有形資産（現金及び現金同等物を除く）の額」欄には，特定多国籍企業グループの全ての構成会社等の有形資産の額の合計額を居住地国等ごとに記載してください。

　（PEの資産については，PEの所在する国又は地域の「居住地国等」欄に含めて記載してください。この有形資産には，現金，現金同等物，無形資産及び金融資産（現金及び現金同等物を除く）は含みません）

　なお，例えば特定多国籍企業グループが連結財務諸表規則に従い，連結貸

借対照表を作成する場合には，たな卸資産，有形固定資産（取得価額から減価償却累計額を差し引いた残額）及び投資不動産の合計額を記載します。

表2　居住地国等における多国籍企業グループの構成会社等一覧

(1) 居住地国等

　「居住地国等」欄には，表1に記載した居住地国等の名称を記載してください。

(2) 居住地国等に所在する構成会社等及びPE

　「居住地国等に所在する構成会社等」欄には，特定多国籍企業グループの全ての構成会社等の名称を居住地国等ごとに記載してください。PEについては，PEが所在する国又は地域において当該PEを通じて事業が行われる場合，当該PEに関する情報を当該PEが所在する国又は地域の「居住地国等」欄に記載します。PEを通じて事業が行われるかどうかについては，表1(1)と同様に判定してください。なお，PEの名称には，当該PEを有する構成会社等の名称も記載してください（例：○○ Corp-△△ branch）。

(3) 居住地国等が構成会社等の所在地と異なる場合に居住地国等

　「居住地国等が構成会社等の所在地と異なる場合の居住地国等」欄には，構成会社等の本店若しくは主たる事務所の所在する国又は地域と当該構成会社等の設立された国又は地域が異なる場合，当該設立された国又は地域を記載してください。

(4) 主要な事業活動

　「主要な事業活動」欄には，居住地国等ごとに，構成会社等が行う主要な事業活動の性質について，該当箇所（1つ以上）にチェックを入れてください。「その他」欄にチェックを入れた場合には，当該構成会社等の事業活動の性質を「表3追加情報」に明示してください。

　※規制金融サービスとは，例えば，銀行業，証券業をいいます。

表3 追加情報

表1及び表2の追加情報や説明等を英語で記載してください。
また,次に掲げる事項を英語で記載してください。

(1) 国別報告事項を作成するに当たって使用した財務諸表等(例:Separate entity statutory financial statements)
(2) 使用する財務諸表等の種類が対象会計年度以前の会計年度と異なる場合には,その理由及び使用した財務諸表等
(3) 表1「(9) 納付税額」について,対象会計年度中に還付された国税及び地方税は収入金額に計上し,納付税額には含まれていない場合は次の説明「Tax refunds are reported in Revenues and not in Income Tax Paid (on Cash Basis).」
(4) 表1「(12) 利益剰余金の額」について,一の居住地国等に複数の構成会社等があり,そのうちいずれかの構成会社等の利益剰余金の額がマイナスである場合は次の説明「Accumulated earnings include negative figures for jurisdiction [居住地国名].」
(5) 表2「(4) 主な事業活動」の「その他」欄にチェックを入れた場合の,構成会社等の事業活動の性質
(6) 他の特定多国籍企業グループを買収した場合において,当該他の特定多国籍企業グループの最終親会計年度の開始の日から買収の日までの期間に係る国別報告事項がいずれの国又は地域の税務当局に対しても提供されないときは,次に掲げる事項
  イ 特定多国籍企業グループが当該他の特定多国籍企業グループを買収したこと及び買収の日に関する説明(「Group [買収した多国籍企業グループの名称] acquired Group [買収された多国籍企業グループの名称] on [買収の日].」)
  ロ 当該他の特定多国籍企業グループの最終親会計年度の開始の日から買収の日までの期間に係る国別報告事項をいずれの国又は地域の税務当局に対しても提供を行っていないこと(「The Acquired Group did not file a CbC

report in any jurisdiction for the period［最終親会計年度の開始の日］to ［買収の日］.」)

(その他の留意事項)

　国別報告事項は，国税電子申告・納税システム (以下「e-Tax」といいます) を使用してCSVファイル又はXMLファイルにより提供する必要があります。CSVファイル又は XMLファイルには，表1，表2及び表3に掲げる情報に加え，構成会社等の納税者番号 (TIN：Tax Identification Number。構成会社等である内国法人及び恒久的施設を有する外国法人が法人番号 (13桁) を有しているときは当該法人番号) 及びその所在地の情報が必要です。

国別報告事項による課税リスクについて

移転価格事務運営指針(抜粋)
(国別報告事項の適切な使用)
　2-1　措置法第66条の4の4第1項及び第2項(特定多国籍企業グループに係る国別報告事項の提供)の規定により提供される国別報告事項(同条第1項に規定する国別報告事項をいう。以下同じ)並びに租税条約その他の我が国が締結した国際約束(租税の賦課及び徴収に関する情報を相互に提供することを定める規定を有するものに限る)に基づく情報交換により提供される国別報告事項に相当する情報については,課税上の問題の把握及び統計のために使用し,国別報告事項及び国別報告事項に相当する情報のみに基づいて,独立企業間価格の算定を行うことはできないことに留意する。

≪コメント≫
　税務調査において,調査担当者は国別報告事項および国別報告事項に相当する情報のみに基づいて,独立企業間価格を算定することはできません。

(国別報告事項及び事業概況報告事項の訂正等)
　2-2　署法人課税部門(税務署において法人税に関する事務を所掌する部門)又は局担当課(東京及び大阪国税局調査第一部国際情報第二課を除き,東京及び大阪国税局調査第一部国際情報第一課並びに局調査担当部門を含む)は,特定多国籍企業グループの構成会社等である内国法人又は恒久的施設を有する外国法人から提供された国別報告事項又は事業概況報告事項に規定する事業概況報告事項に誤り又は不備がある場合には,当該国別報告事項又は当該事業概況報告事項を提供した当該内国法人又は当該恒久的施設を有する外国法人に対し,速やかに訂正又は補正を求める。

(国別報告事項に相当する情報に誤り等がある場合)

2-3　署法人課税部門又は局担当課は，特定多国籍企業グループの最終親会社等又は代理親会社等の居住地国の租税に関する法令を執行する当局から提供された国別報告事項に相当する情報に誤り又は不備がある場合には，速やかに庁担当課に連絡する（署法人課税部門は，局法人課税課を通じて庁担当課に連絡する）。

特定多国籍企業グループに係る事業概況報告事項（マスターファイル）の概要

　租税特別措置法第66条の4の5（特定多国籍企業グループに係る事業概況報告事項の提供）に規定する特定多国籍企業グループに係る事業概況報告事項を提供する場合に使用するものです。

　特定多国籍企業グループの構成会社等である内国法人又は恒久的施設を有する外国法人は，事業概況報告事項を，報告対象となる会計年度の終了の日の翌日から1年以内に，e-Taxにより，所轄税務署長に提供する必要があります（措法第66条の4の5第1項）。

[手続対象者]

　特定多国籍企業グループの構成会社等である内国法人又は恒久的施設を有する外国法人

　　※事業概況報告事項を提供しなければならないこととされる内国法人及び恒久的施設を有する外国法人が複数ある場合，「特定多国籍企業グループに係る最終親会社等届出事項兼最終親会社等届出事項・国別報告事項・事業概況報告事項の提供義務者が複数ある場合における代表提供者に係る事項等の提供」及び「最終親会社等届出事項・国別報告事項・事業概況報告事項の提供義務者が複数ある場合における代表提供者に係る事項等の提供（付表）」を提供することにより，いずれか一の法人がこれらの法人を代表して提供することができます。

[提供期限]

　最終親会計年度の終了の日の翌日から1年以内

　　※平成28年4月1日以後に開始する最終親会計年度から適用されます。

[提供方法]

　国税電子申告・納税システム（e-Tax）を使用して，期限までに提供者の納税地の所轄税務署長に提供してください。提供手続については，「e-Taxホームページの多国籍企業情報の報告コーナー」をご覧ください。

［添付書類・部数］

　租税特別措置法施行規則第22条の10の5第1項（特定多国籍企業グループに係る事業概況報告事項の提供）に規定する事項を記載した書類のイメージデータ（PDF形式）を添付してください。

［根拠条文］

　租税特別措置法第66条の4の5第1項

特定多国籍企業グループに係る事業概況報告事項

平成 年 月 日 税務署長殿	納 税 地	〒 電話（ ）－	
	本店又は主たる 事務所の所在地	〒	
	（フリガナ）		
	法 人 名		
	法 人 番 号	｜ ｜ ｜ ｜ ｜ ｜ ｜ ｜ ｜ ｜ ｜ ｜	
	（フリガナ）		
	代 表 者 氏 名		

特定多国籍企業グループに係る事業概況報告事項を提供します。

提供対象の最終親会計年度	自平成 年 月 日 至平成 年 月 日	
（提供者が最終親会社等以外の場合）最終親会社等	（フリガナ） 名 称	
	納 税 地	
	本店又は主たる事務所の所在地	最終親会社等が外国法人の場合 （所在国： ）
	法 人 番 号	｜ ｜ ｜ ｜ ｜ ｜ ｜ ｜ ｜ ｜ ｜ ｜
	代 表 者 氏 名	
特定多国籍企業グループに係る 最終親会社等届出事項の提供年月日	平成 年 月 日	

税 理 士 署 名	

28.06 改正

特定多国籍企業グループに係る事業概況報告事項（マスターファイル）の記載要領

1　この様式は，租税特別措置法第66条の4の5（特定多国籍企業グループに係る事業概況報告事項の提供）に規定する特定多国籍企業グループ（同法第66条の4の4第4項第3号（特定多国籍企業グループに係る国別報告事項の提供）に規定する特定多国籍企業グループをいいます。以下同じです）に係る事業概況報告事項（同法第66条の4の5第1項に規定する事業概況報告事項をいいます。以下同じです）を提供する場合に使用するものです。

2　この事業概況報告事項は，国税電子申告・納税システム（e-Tax）を使用して，最終親会計年度（租税特別措置法第66条の4の4第4項第7号に規定する最終親会計年度をいいます。以下同じです）の終了の日の翌日から1年以内に，提供者の納税地の所轄税務署長に提供しなければなりません。

3　各欄は，次により記載してください。
(1)　「納税地」欄は，次に掲げる法人の区分に応じそれぞれ次の所在地を記載してください。
　　イ　内国法人その本店又は主たる事務所の所在地
　　　（恒久的施設を有する外国法人恒久的施設を通じて行う事業に係る事務所，事業所その他これらに準ずるもののうちその主たるものの所在地※国税局長等により納税地の指定を受けている場合には，指定された納税地を記載してください）
(2)　「本店又は主たる事務所の所在地」欄には，登記してある本店又は主たる事務所の所在地を記載してください。（提供者が恒久的施設を有する外国法人である場合には，「本店又は主たる事務所の所在地」欄は国外の本店又は主たる事務所の所在地を記載してください）
(3)　「法人番号」欄には，法人番号（13桁）を記載してください（法人番号を

有しない場合は記載不要です)。
(4) 「代表者氏名」欄には提供した法人の代表者を記載してください。(提供者が恒久的施設を有する外国法人である場合には,「代表者氏名」欄には恒久的施設を通じて行う事業の経営の責任者の氏名を記載してください)
(5) 「提供対象の最終親会計年度」欄には,提供対象となる最終親会計年度を記載してください。
(6) 「(提供者が最終親会社等以外の場合)最終親会社等」の各欄は,次により記載してください。
　イ　事業概況報告事項の提供者が最終親会社等である場合,記載は不要です。
　ロ　事業概況報告事項の提供者が最終親会社等でない場合には,最終親会社等の名称,納税地,本店又は主たる事務所の所在地,法人番号(法人番号を有しない場合は記載不要です)及び代表者の氏名をそれぞれ記載してください。(最終親会社等が外国法人である場合,「納税地」欄の記載は不要であり,「本店又は主たる事務所の所在地」欄に国外の本店若しくは主たる事務所の所在地及び所在国又はその事業が管理され,かつ,支配されている場所の所在地及び所在国を記載してください)
(7) 「特定多国籍企業グループに係る最終親会社等届出事項の提供年月日」欄には,この様式により事業概況報告事項の提供を行う最終親会計年度に係る最終親会社等届出事項の提供を行った日付を記載してください(提供した内容を修正した場合には,最後に提供を行った日付を記載してください)。なお,当該最終親会社等届出事項が未提供である場合には,速やかに提供してください。
(8) 事業概況報告事項を提供しなければならないこととされる内国法人及び恒久的施設を有する外国法人が複数ある場合において,当該内国法人及び恒久的施設を有する外国法人のうちいずれか一の法人がこれらの法人を代表して事業概況報告事項を提供する場合は,「特定多国籍企業グループに係る最終親会社等届出事項兼最終親会社等届出事項・国別報告事項・事業概況報告事項の提供義務者が複数ある場合における代表提供者に係る事項等の提供」及

び「最終親会社等届出事項・国別報告事項・事業概況報告事項の提供義務者が複数ある場合における代表提供者に係る事項等の提供（付表）」を提供してください。

10 特定多国籍企業グループに係る事業概況報告事項（マスターファイル）の添付書類の記載要領

　租税特別措置法施行規則第22条の10の5第1項（特定多国籍企業グループに係る事業概況報告事項の提供）に規定されている次の事項を記載する必要があります。作成は租税特別措置法施行規則第22条の10の5第2項に従い，日本語又は英語で作成してください。書類はPDF形式で保存し，国税電子申告・納税システム（e-Tax）を利用して提出してください。

租税特別措置法施行規則第22条の10の5　第1項1号（構成会社の概要）

> 　特定多国籍企業グループの構成会社等（租税特別措置法第66条の4の4第4項第4号に規定する構成会社等をいいます）の名称及び本店又は主たる事務所の所在地並びに当該構成会社等の間の関係を系統的に示した図

　事業概況報告事項は，特定多国籍企業グループのグローバルな事業活動の全体像に関する情報を税務当局に提供することを目的としているため，詳細で網羅的な情報の提供が意図されているものではありません。ただし，ここには特定多国籍企業グループの全ての構成会社等の情報を記載するようにしてください。

　「特定多国籍企業グループの構成会社等の名称及び本店又は主たる事務所の所在地並びに当該構成会社等の間の関係を系統的に示した図」とは，最終親会計年度末における出資関係（出資割合）を系統的に記載した図をいいます。当該図については，例えば，法人税法施行規則第35条第4号（確定申告書の添付書類）の規定により事業等の概況に関する書類の一部として作成する「当該内国法人との間に完全支配関係がある法人との関係を系統的に示した図」（以下「出資関係図」といいます）と同様のものを作成してください（上記構成会社等の間の関係を系統的に示した図に記載する構成会社等と，例示の出資関係図に記載する法人の範囲は異なりますのでご注意ください）。なお，図に代えて

一覧表の形式としても差し支えありません。

租税特別措置法施行規則第22条の10の5　第1項2号イ（売上・収益）

> 当該特定多国籍企業グループの構成会社等の売上，収入その他の収益の重要な源泉

「当該特定多国籍企業グループの構成会社等の売上，収入その他の収益の重要な源泉」には，例えば，特定多国籍企業グループの売上，収入その他の収益の重要な源泉となる事業セグメント，主力商品，ビジネスモデル，経営方針，事業戦略，ブランド，技術・ノウハウなどの概要を記載してください。

租税特別措置法施行規則第22条の10の5　第1項2号ロ（主要5製品サプライ・チェーン）

> 当該特定多国籍企業グループの主要な5種類の商品若しくは製品又は役務の販売又は提供に係るサプライ・チェーン（消費者に至るまでの一連の流通プロセスをいいます）の概要及び当該商品若しくは製品又は役務の販売又は提供に関する地理的な市場の概要

租税特別措置法施行規則第22条の10の5　第1項2号ハ（売上5％超製品のサプライ・チェーン）

> 当該特定多国籍企業グループの商品若しくは製品又は役務の販売又は提供に係る売上金額，収入金額その他の収益の額の合計額のうちに当該合計額を商品若しくは製品又は役務の種類ごとに区分した金額の占める割合が100分の5を超える場合における当該超えることとなる商品若しくは製品又は役務の販売又は提供に係るサプライ・チェーンの概要及び当該商品若しくは製品又は役務の販売又は提供に関する地理的な市場の概要

「当該特定多国籍企業グループの商品若しくは製品又は役務の販売又は提供に係る売上金額，収入金額その他の収益の額の合計額」とは，当該商品若しくは製品又は役務の販売又は提供に係る連結財務諸表に計上された売上金額，収入金額その他の収益の合計額をいいます（特定多国籍企業グループが連結財務諸表を作成していない場合には，連結財務諸表を作成するとしたならば，当該連結財務諸表に計上されることとなる売上金額，収入金額その他の収益の合計額をいいます）。

租税特別措置法施行規則第22条の10の5　第1項2号ニ（役務提供）

> 　当該特定多国籍企業グループの構成会社等の間で行われる役務の提供（研究開発に係るものを除きます）に関する重要な取決めの一覧表及び当該取決めの概要（当該役務の提供に係る対価の額の設定の方針の概要，当該役務の提供に係る費用の額の負担の方針の概要及び当該役務の提供が行われる主要な拠点の機能の概要を含みます）

租税特別措置法施行規則第22条の10の5　第1項2号ホ（機能・リスク）

> 　当該特定多国籍企業グループの構成会社等が付加価値の創出において果たす主たる機能，負担する重要なリスク（為替相場の変動，市場金利の変動，経済事情の変化その他の要因による利益又は損失の増加又は減少の生ずるおそれをいいます），使用する重要な資産その他当該構成会社等が付加価値の創出において果たす主要な役割の概要

租税特別措置法施行規則第22条の10の5　第1項2号ヘ（組織再編）

> 　当該特定多国籍企業グループの構成会社等に係る事業上の重要な合併，分割，事業の譲渡その他の行為の概要

租税特別措置法施行規則第22条の10の5　第1項3号（無形資産）

> 特定多国籍企業グループの無形固定資産その他の無形資産（以下「無形資産」といいます）の研究開発，所有及び使用に関する包括的な戦略の概要並びに当該無形資産の研究開発の用に供する主要な施設の所在地及び当該研究開発を管理する場所の所在地

　事業概況報告事項に記載する無形資産は，法人税法施行令第183条第3項第1号イからハ（租税条約に異なる定めがある場合の国内源泉所得）までに掲げるもののほか，顧客リスト，販売網等の重要な価値のあるものをいいます。

租税特別措置法施行規則第22条の10の5　第1項4号（重要な無形資産）

> 特定多国籍企業グループの構成会社等の間で行われる取引において使用される重要な無形資産の一覧表及び当該無形資産を所有する当該構成会社等の一覧表

租税特別措置法施行規則第22条の10の5　第1項5号（研究開発）

> 特定多国籍企業グループの構成会社等の間の無形資産の研究開発に要する費用の額の負担に関する重要な取決めの一覧表，当該無形資産の主要な研究開発に係る役務の提供に関する重要な取決めの一覧表，当該無形資産の使用の許諾に関する重要な取決めの一覧表その他当該構成会社等の間の無形資産に関する重要な取決めの一覧表

租税特別措置法施行規則第22条の10の5　第1項6号（無形資産の対価設定）

> 特定多国籍企業グループの構成会社等の間の研究開発及び無形資産に関連する取引に係る対価の額の設定の方針の概要

租税特別措置法施行規則第22条の10の5　第1項7号（無形資産の移転）

　特定多国籍企業グループの構成会社等の間で行われた重要な無形資産（当該無形資産の持分を含みます）の移転に関係する当該構成会社等の名称及び本店又は主たる事務所の所在地並びに当該移転に係る無形資産の内容及び対価の額その他当該構成会社等の間で行われた当該移転の概要

租税特別措置法施行規則第22条の10の5　第1項8号（資金調達）

　特定多国籍企業グループの構成会社等の資金の調達方法の概要（当該特定多国籍企業グループの構成会社等以外の者からの資金の調達に関する重要な取決めの概要を含みます）

租税特別措置法施行規則第22条の10の5　第1項9号（金融機能）

　特定多国籍企業グループの構成会社等のうち当該特定多国籍企業グループに係る中心的な金融機能を果たすものの名称及び本店又は主たる事務所の所在地（当該構成会社等が設立に当たって準拠した法令を制定した国又は地域の名称及び当該構成会社等の事業が管理され，かつ，支配されている場所の所在する国又は地域の名称を含みます）

租税特別措置法施行規則第22条の10の5　第1項10号（資金貸借の対価設定）

　特定多国籍企業グループの構成会社等の間で行われる資金の貸借に係る対価の額の設定の方針の概要

租税特別措置法施行規則第22条の10の5　第1項11号（連結財務諸表）

　特定多国籍企業グループの連結財務諸表（租税特別措置法第66条の4の4第4項第1号に規定する連結財務諸表をいいます。以下同じです）（連結財務諸表がない場合には，特定多国籍企業グループの財産及び損益の状況を明らかにした書類）に記載された損益及び財産の状況

租税特別措置法施行規則第22条の10の5　第12項号（事前確認の状況）

> 特定多国籍企業グループの居住地国（租税特別措置法第66条の4の4第4項第8号に規定する居住地国をいいます。以下同じです。）を異にする構成会社等の間で行われる取引に係る対価の額とすべき額の算定の方法その他当該構成会社等の間の所得の配分に関する事項につき当該特定多国籍企業グループの一の構成会社等の居住地国の権限ある当局のみによる確認がある場合における当該確認の概要

　確認とは，租税条約（法人税法第139条第1項（租税条約に異なる定めがある場合の国内源泉所得）に規定する租税条約をいいます。）の相手国等の権限ある当局との間の相互協議の合意を伴わない，事前確認（税務署長又は国税局長が，国外関連取引に係る独立企業間価格の算定方法及びその具体的内容について確認をすることをいいます。以下同じです。），外国の制度に基づく事前確認に相当する確認及びその他の税務ルーリングを含みます。

租税特別措置法施行規則第22条の10の5　第1項13号（その他）
　前各項目に掲げる事項について参考となるべき事項

租税特別措置法施行規則第22条の10の5　第2項（作成言語）

> 事業概況報告事項は，租税特別措置法施行規則第22条の10の5第1項の規定による事業概況報告事項の提供は，日本語又は英語により行うものとする。

　英語で記載されたものについては，必要に応じて日本語による翻訳文の提供を求める場合があります。

11 独立企業間価格を算定するために必要と認められる書類（ローカルファイル）の概要

　平成28年度税制改正において，独立企業間価格を算定するために必要と認められる書類（以下「ローカルファイル」といいます）を確定申告書の提出期限までに作成又は取得し，保存することが法人に義務付けられました（いわゆる同時文書化義務（注）1）。改正前の独立企業間価格を算定するために必要と認められる書類については租税特別措置法施行規則（以下「規則」といいます。）第22条の10第1項（国外関連者との取引に係る課税の特例）に規定されていましたが，今般，OECD移転価格ガイドライン改訂案（注）2を踏まえて，記載項目の追加・明確化等，所要の整備が行われました。これに伴い，規則で規定する各書類の具体的な例を示した例示集が作成されましたので，ローカルファイルを作成する際の参考としてください。

（注）
1　一の国外関連者との取引において，前事業年度（注）3の①国外関連取引（②の取引を含みます）の合計金額が50億円以上，又は②無形資産取引の合計金額が3億円以上である法人が，当該国外関連者との取引について，確定申告書の提出期限までにローカルファイルを作成又は取得し，保存しなければならないことをいいます。
2　平成27年10月に発表されたOECDのＢＥＰＳ最終報告書に記載されている，平成22年に公表された現在のOECD移転価格ガイドライン第5章の改訂案をいいます。
3　前事業年度がない場合等には当該事業年度になります。

（この例示集を使用するに当たっての留意事項）
・この例示集は，移転価格税制に関する通達，事務運営指針（以下「関係通達等」といいます）の一部ではなく，納税者が自らローカルファイルを作成する際の参考資料です。
・この例示集で記載している【必要な情報の例】【準備する書類】は，ローカルファイルにおける必要な情報及び準備する書類として一般的な例を挙げたものです。したがって，実際に必要とされるローカルファイルの内容は，取引の内容，規模，重要性等により異なります。また，税務調査時にローカル

ファイルに加えて提出が求められる「独立企業間価格を算定するために重要と認められる書類」を例示したものではありません。
- 国外関連者が作成するローカルファイルに相当する書類が、国外関連者との取引を行う際に、又は法人の確定申告書を提出する際に利用可能である最新の情報に基づいて作成されている場合で、規則第22条の10第1項に規定する項目に該当するときは、当該項目について、そのローカルファイルに相当する書類をローカルファイルとして代用して差し支えありません。ただし、日本語以外の言語で作成されている場合には、必要に応じ、日本語による翻訳文を求めることがあります。
- 独立企業間価格の算定に当たり留意する事項等は、別途関係法令及び関係通達等を参照してください。
- 用語の意義は、この例示集で定めるもののほか、平成13年6月1日付査調7-1ほか3課共同「移転価格事務運営要領の制定について」(事務運営指針)及び同「別冊移転価格税制の適用に当たっての参考事例集」(以下「事例集」といいます)に定める用語の意義に従うこととします。
- 連結法人の場合は、規則第22条の74第1項(連結法人の国外関連者との取引に係る課税の特例)に規定する書類の参考にしてください。

《項目》
■規則第22条の10第1項
○国外関連取引の内容を記載した書類
- 1号イ 当該国外関連取引に係る資産の明細及び役務の内容を記載した書類
- 1号ロ 当該国外関連取引において法第66条の4第1項の法人及び当該法人に係る国外関連者が果たす機能並びに当該国外関連取引において当該法人及び当該国外関連者が負担するリスクに係る事項を記載した書類
- 1号ハ 法第66条の4第1項の法人又は当該法人に係る国外関連者が当該国外関連取引において使用した無形固定資産その他の無形資産の内容を記載した書類

- １号ニ当該国外関連取引に係る契約書又は契約の内容を記載した書類
- １号ホ法第66条の４第１項の法人が，当該国外関連取引において当該法人に係る国外関連者から支払を受ける対価の額又は当該国外関連者に支払う対価の額の明細，当該支払を受ける対価の額又は当該支払う対価の額の設定の方法及び当該設定に係る交渉の内容を記載した書類並びに当該支払を受ける対価の額又は当該支払う対価の額に係る独立企業間価格の算定の方法及び当該国外関連取引に関する事項についての我が国以外の国又は地域の権限ある当局による確認がある場合における当該確認の内容を記載した書類
- １号ヘ法第66条の４第１項の法人及び当該法人に係る国外関連者の当該国外関連取引に係る損益の明細並びに当該損益の額の計算の過程を記載した書類
- １号ト当該国外関連取引に係る資産の販売，資産の購入，役務の提供その他の取引に係る市場に関する分析その他当該市場に関する事項を記載した書類
- １号チ法第66条の４第１項の法人及び当該法人に係る国外関連者の事業の内容，事業の方針及び組織の系統を記載した書類
- １号リ当該国外関連取引と密接に関連する他の取引の有無及びその取引の内容並びにその取引が当該国外関連取引と密接に関連する事情を記載した書類

■規則第22条の10第２項
○ 国外関連取引に係る独立企業間価格を算定するための書類
- ２号イ当該法人が選定した法第66条の４第２項に規定する算定の方法，その選定に係る重要な前提条件及びその選定の理由を記載した書類その他当該法人が独立企業間価格を算定するに当たり作成した書類
- ２号ロ当該法人が採用した当該国外関連取引に係る比較対象取引の選定に係る事項及び当該比較対象取引等の明細を記載した書類
- ２号ハ当該法人が施行令第39条の12第８項第１号に掲げる方法又は同項第６号に掲げる方法を選定した場合におけるこれらの方法により当該法人及び当該法人に係る国外関連者に帰属するものとして計算した金額を算出するための書類
- ２号ニ当該法人が複数の国外関連取引を一の取引として独立企業間価格の算

定を行った場合のその理由及び各取引の内容を記載した書類
・2号ホ比較対象取引等について差異調整を行った場合のその理由及び当該差異調整等の方法を記載した書類

※この項目の表示では読みやすさを優先し規則の記載を一部省略しています。本文には法令どおり記載しています。「法」は租税特別措置法,「施行令」は租税特別措置法施行令を示しています。

12　独立企業間価格を算定するために必要と認められる書類（ローカルファイル）の記載要領

> １号イ（資産及び役務の内容）当該国外関連取引に係る資産の明細及び役務の内容を記載した書類

【説明】

　１号イに規定する書類は，国外関連取引の対象となる資産の明細及び役務の内容を説明する書類です。これらの資産の明細及び役務の内容を説明するためには，取引の当事者，取引の流れ等を明らかにする必要があります。

　また，法人と国外関連者との間で使用許諾が行われている無形資産など，国外関連取引の対象となる無形資産についてはこの書類に記載することになりますが，国外関連取引を行うに当たり法人又は国外関連者が使用した無形資産については後述の１号ハに規定する書類に記載する必要があります。

　なお，例えば，国外関連者が工場を建設する際に，業務に精通した自社の社員を派遣して工場内のレイアウト，機械の設置，試運転等の工場の立ち上げに係る業務を支援する場合には，ノウハウの提供等の無形資産の使用許諾取引が存在することがありますのでご注意ください。

【必要な情報の例】

○国外関連取引が棚卸資産の売買の場合
・棚卸資産の種類（性状，構造，機能等）
・主要売上先（及びエンドユーザー）
・主要仕入先・取引条件（単価，通貨，貿易条件等）
・取引の開始時期等

○国外関連取引が役務提供の場合
・役務の内容（性質等）
・主要役務提供先

・（提供する役務を外注している場合）主要外注先
・取引条件（単価，通貨等）
・役務提供の開始時期及び期間等

○国外関連取引が金銭の貸借の場合
・元本及び金利の金額及び通貨
・貸借時期及び期間
・担保及び保証の有無等

○国外関連取引が無形資産の使用許諾の場合
・無形資産の内容・使用許諾の開始時期及び期間等

○国外関連取引が無形資産の譲渡の場合
・無形資産の内容，譲渡の理由及びその時期・取得価格（構築費用）及びその計算過程

○国外関連取引がグローバルトレーディングの場合
・取引の内容
・関与する拠点（名称，所在する国又は地域，職制別人員等）及びその役割

○国外関連取引が事業譲渡等の場合
・譲渡の対象となる事業の内容
・取引当事者の名称
・事業譲渡の時期等

【準備する書類】
　上記のような必要な情報が記載されている書類を準備します。
　なお，既存の書類では情報が不足する場合には，必要な情報を記載した書類を適宜作成することになります。

[参考] 既存の書類の例
・有価証券報告書，営業報告書又は会社案内
・商品のパンフレット，カタログ又はプライスリスト
・法人及び国外関連者の間の契約書（覚書，取決めを含みます。）

> ≪コメント≫
>   1号イのタイトルは「資産および役務の内容」となっていますが，ここで要求されている情報は，単に資産及び役務の内容に限定されていないことに注意すべきです。上記の必要な情報の例ではかなり広範な項目に渡っており，取引相手，取引条件，通貨なども含まれています。
>   以下の項目につきましては，他の項目との重複するものがあり，またOECDの行動計画13において要請された情報を唐突に挿入したと思われるものがあります。最も適した項目の区分に記載すればよいと思われます。
>   例えば，「法人及び国外関連者の間の契約書」は，1号ニ（契約関係）で明示的に要求されているため，1号イ（資産及び役務の内容）に例示されているのは重複していると思われます。また，「その部署に属する係・ライン，所属する人員及び職制（例：研究職，営業職，営業補助職）を含みます」は，1号チに（事業内容，事業方針及び組織の系統）記載する方が適切と考えられます。

1号ロ（機能及びリスク）
 当該国外関連取引において法第66条の4第1項の法人及び当該法人に係る国外関連者が果たす機能並びに当該国外関連取引において，当該法人及び当該国外関連者が負担するリスク（為替相場の変動，市場金利の変動，経済事情の変化その他の要因による当該国外関連取引に係る利益又は損失

の増加又は減少の生ずるおそれをいう）に係る事項（当該法人又は当該国外関連者の事業再編（合併，分割，事業の譲渡，事業上の重要な資産の譲渡その他の事由による事業の構造の変更をいう。ロにおいて同じ）により当該国外関連取引において当該法人若しくは当該国外関連者が果たす機能又は当該国外関連取引において当該法人若しくは当該国外関連者が負担するリスクに変更があった場合には，その事業再編の内容並びにその機能及びリスクの変更の内容を含む）を記載した書類

【説明】

1号ロに規定する書類は，国外関連取引において，法人及び国外関連者がどのような機能を果たし，どのようなリスクを負担しているのかを説明する書類です。

具体的には，法人及び国外関連者の国外関連取引に係る機能（例えば，「研究開発」，「設計」，「調達」，「製造」，「組立」，「技術指導」，「市場開拓」，「広告宣伝」，「販売」，「アフターサービス」等）を，誰がどこでどのように果たしているかを記載します。その際，機能を果たすための重要な判断や決定を誰がどこでどのように行っているか，また，費用の負担は誰がどのように行っているか，さらに，その機能が基本的活動のみを行う法人(注)の機能とは異なる独自の機能である場合には，独自の機能と判断した理由を記載する必要があります。

(注)　「基本的活動のみを行う法人」に関する詳細は，事例集【事例8】《移転価格税制上の取扱い》を参照してください。

また，法人及び国外関連者の果たす機能を分析する際，法人及び国外関連者が負担しているリスクを考慮することになりますので，リスクに係る情報についても記載します。ここでいうリスクとは，例えば，「貸倒リスク」，「為替変動リスク」等をいい（次ページの「(参考)～事業の遂行に当たり想定されるリスクの例～」を参照），法人又は国外関連者のどちらがリスクを負担しているのか，その者はリスク管理をどのように行っているのか，さらに，リスクが顕在化した場合の影響及び対応策について記載することになります。リスクが

顕在化した場合の影響とは，例えば，為替相場の変動が営業利益に与える影響や（計算している場合）その影響額をいいます。

なお，当該事業年度において，法人若しくは国外関連者が関与した事業再編及び商流の変更（以下「事業再編等」といいます）がある場合又は法人，国外関連者若しくは国外関連取引が影響を受けた事業再編等がある場合には，その内容の説明に併せてその法人又は国外関連者の果たす機能及び負担するリスクの変更の内容を説明する必要があります。

【必要な情報の例】

○ 機能・国外関連取引に関係する法人及び国外関連者の主な部署の名称並びに当該部署が国外関連取引において果たす役割
　※その部署に属する係・ライン，所属する人員及び職制（例：研究職，営業職，営業補助職等）を含みます。
　※事業再編等がある場合には，事業再編等の内容，その時期，法人又は国外関連者の組織や機能に与える影響を含みます。
　※基本的活動のみを行う法人の機能とは異なる独自の機能がある場合には，その内容を含みます。

・国外関連取引に係る契約条件
　※ここでいう契約条件とは，例えば，価格条件，貿易条件，決済条件，返品条件，契約更改条件等をいいます。なお，当該事業年度において変更がある場合には，変更前のもの及び変更理由も含みます。

○ リスク
・国外関連取引を行うに当たって生ずるリスクの内容及び負担者
・リスクの引受け又は管理のために果たす具体的機能（例：取引先の与信管理，在庫調整，為替ヘッジ等）
　※事業再編等がある場合には，法人又は国外関連者の負担するリスクに与える影響を含みます。

・リスクが顕在化した場合の利益への影響，（計算している場合）その影響額及び対応策（例：急激な為替変動があった場合の取引価格の変更，非関連者に対する価格への転嫁等の取決め）

・当該事業年度において，リスクが顕在化した事例の有無，（事例がある場合）その影響及び（計算している場合）その影響額

[参考] 〜事業の遂行に当たり想定されるリスクの例〜

　売掛債権が回収不能となる貸倒リスク，商品や製品が売れ残る在庫リスク，研究開発の成否と責任に係る研究開発リスク，品質保証リスク，製造物責任リスク，外貨建取引に係る為替変動リスク，市場での競争の激化・需給の変化等による市場価格（相場）の変動に係る市場リスク，経営上の事業リスク等

【準備する書類】

　上記のような必要な情報が記載されている書類を準備します。

　なお，既存の書類では情報が不足する場合には，次の例1〜例3を参考に，必要な情報を記載した書類を適宜作成することになります。

[参考] 既存の書類の例

・法人及び国外関連者の経営組織図，所属員数表，業務分掌表（又は業務規定），業務フロー図，有価証券報告書，会社案内及びホームページをアウトプットしたもの

・<u>法人及び国外関連者の間の契約書（覚書，取決めを含みます）</u>

・<u>国外関連取引の取引フロー図</u>（下線筆者）

　※当該事業年度において，商流を変更した場合には，変更前後の取引フロー図，商流変更の理由及びその影響を説明する書類を含みます。

・法人及び国外関連者の事業計画，当該事業計画に係るりん議書，出張りん議書及び出張報告書

・法人及び国外関連者の各種会議資料並びに当該会議議事録

・国外関連取引に関する投資計画書及び研究開発計画書

・法人又は国外関連者の事業再編等に係る計画書，りん議書，報告書及び各種会議資料

例1① 国外関連取引の取引フロー図の例（国外関連者が製造業の場合）

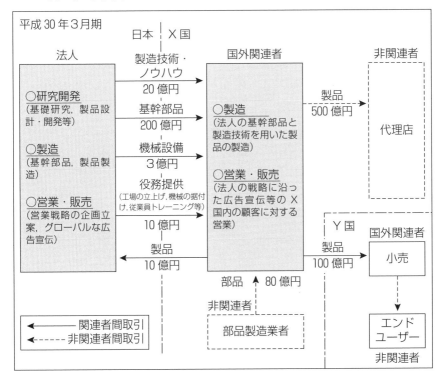

例1② 国外関連取引の取引フロー図の例（国外関連者が販売業の場合）

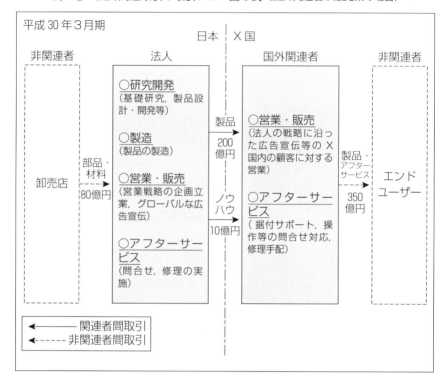

例2①　法人及び国外関連者の機能に係る整理表の例（国外関連者が製造業の場合）

機能に係る整理表

国外関連者名 _____

＊国外関連取引に係る法人及び国外関連者の主な活動を抜き出す。

活動区分	法人の機能		国外関連者の機能	
	部署（人員）	内容	部署（人員）	内容
研究開発	研究開発部（○名）	▶国外関連取引を含む事業に係る ・基礎研究 ・製品開発	なし	なし
	製品設計部（○名）	▶製品の ・企画，設計 ・仕様変更時の対応	なし	なし
調達	部品購買部（○名）	▶製品製造に係る ・部品等調達 ・国外関連者の部品等の調達先の選定，決定	資材部（○名）	▶法人が決定した調達先からの部品等の購入 ▶部品等の在庫管理
	製造管理部（○名）	▶製品製造に係る ・機械設備の調達先の選定 ・国外関連者に対する機械設備の販売，据付け等指導	製造管理部（○名）	▶法人等からの機械設備の購入
製造	××工場（製造部（○名））	▶製品，基幹部品の製造 ▶国外関連者の製造拠点への支援（工場立ち上げ時や新しい製造工程の導入時等の従業員の派遣，国外関連者の従業員へのトレーニング実施等）	△△工場（製造部（○名），製造技術部（○名））	▶法人からの基幹部品及び製造技術等を用いた製品の製造 ▶歩留まり率向上のため，気候等に合わせた製造工程（機械設備を含む）の微調整などの改良
営業・販売	海外営業部（○名）	▶グローバルの営業戦略の企画立案 ▶国外関連者の販売管理	営業部（○名）	▶X国の顧客に対する営業 ▶X国の顧客のニーズに係る情報収集及び法人へのフィードバック ▶販売までの在庫管理（平均○台）
	広告宣伝部（○名）	▶グローバルの広告宣伝戦略の企画立案及び実行	広告宣伝部（○名）	▶法人の営業戦略に沿ったX国における広告宣伝の実行

＊1つの活動が法人及び国外関連者で分担されている場合は，それぞれについて記載する。

例2② 法人及び国外関連者の機能に係る整理表の例（国外関連者が販売業の場合）

機能に係る整理表

国外関連者名 ＿＿＿＿＿＿＿＿＿＿＿＿＿＿＿

> 国外関連取引に係る法人及び国外関連者の主な活動を抜き出す。

活動区分	法人の機能		国外関連者の機能	
	部署（人員）	内容	部署（人員）	内容
研究開発	製造開発部（○名）	▶国外関連取引を含む事業に係る ・基礎研究 ・製品開発	なし	なし
	商品企画部（○名）	▶国外関連取引の製品の ・企画，設計 ・仕様変更時の対応	なし	なし
製造	××工場（製造部（○名））	▶製品の製造	なし	なし
営業・販売	海外営業部（○名）	▶グローバルの営業戦略の企画立案 ▶国外関連者の販売管理 ▶国外関連者への販売（仕掛品，輸出までの在庫管理（平均○台））	営業部（○名）	▶X国の顧客に対する営業 ▶X国の顧客のニーズに係る情報収集及び法人へのフィードバック ▶在庫管理（輸入から販売までの在庫（○台））
	広告宣伝部（○名）	▶グローバルの広告宣伝戦略の企画立案及び実行	広告宣伝部（○名）	▶法人の営業戦略に沿ったX国における広告宣伝の実行
アフターサービス	サービス部（○名）	▶国外関連者へのアフターサービスに係るノウハウ提供 ▶修理の実施	サービス部（○名）	▶X国における顧客サポート ・据付けに係るアドバイス ・操作等の問合せの対応 ・修理を要する場合の法人への連絡，手配

> 1つの活動が法人及び国外関連者で分担されている場合は，それぞれについて記載する。

例3　法人及び国外関連者のリスクに係る整理表の例

リスクに係る整理表

国外関連者名 ＿＿＿＿＿＿＿＿＿＿＿＿＿＿＿＿

リスクの種類	内容	リスクの負担者	リスクを引き受けるために果たす機能	リスクが顕在化した場合の影響（額）、対応策（顕在化した事例）	備考
為替変動	X国の通貨Cの為替変動に係るリスク	短期的には国外関連者、中長期的には法人	取引は円建てであり、3か月に一度為替変動に応じ取引価格の見直しを行うこととしている。	・急激な為替変動が起きた場合には、最終的に法人の損益に影響する。 ・当社では取引の80%についてヘッジを行っている。 （顕在化した事例なし）	契約書、覚書を参照

<コメント>

1号ロ（機能およびリスク）は、基本的に従来から機能・リスク分析と称されている記載区分に関する解説です。上記の例示のなかに「国外関連取引の取引フロー図」が挙げられていますが、これはむしろ1号イ（資産及び役務の内容）に記載する方が合理的と思われます。

「例3法人及び国外関連者のリスクに係る整理表」は、国税庁のオリジナルのフォームですが、課税当局の考え方を読み取ることができるため、納税者にとっても非常に役立つものと考えられます。

「法人及び国外関連者の間の契約書」は、1号ニ（契約関係）で明示的に要求されているため、1号ロ（機能及びリスク）の例示は重複すると思われます。

また、「国外関連取引の取引フロー図」は、主要なものはマスターファイルに記載されますので、重複する可能性が高いと思われます。マスターファイルに記載されていない取引があれば、ローカルファイルにおいて追記することになると思われます。

> 1号ハ（使用した無形資産）
> 　法第66条の4第1項の法人又は当該法人に係る国外関連者が当該国外関連取引において使用した無形固定資産その他の無形資産の内容を記載した書類

【説明】
　1号ハに規定する書類は，法人又は国外関連者が所有及び登録し，又は使用許諾している無形資産（法人税法施行令第183条に規定する工業所有権，著作権等のほか，製造ノウハウ，顧客リスト，販売網等の重要な価値のあるものをいいます。）のうち，国外関連取引において使用した無形資産の種類，内容，契約条件等を説明する書類です。法人と国外関連者との間で使用許諾されている無形資産など，国外関連取引の対象となっている無形資産については前述の1号イに規定する書類に記載しますが，国外関連取引を行うに当たり法人又は国外関連者が使用した無形資産についてはこちらに記載する必要があります。また，その無形資産が法人及び国外関連者の貸借対照表に計上されていない場合又は法人及び国外関連者がその無形資産の法的所有権を有していない場合であっても，国外関連取引において法人又は国外関連者が使用した無形資産については記載する必要があります。

[参考] 〜事務運営指針3-11（調査において検討すべき無形資産）（抄）〜
　調査において無形資産が法人又は国外関連者の所得にどの程度寄与しているかを検討するに当たっては，例えば，次に掲げる重要な価値を有し所得の源泉となるものを総合的に勘案することに留意する。
　　イ　技術革新を要因として形成される特許権，営業秘密等
　　ロ　従業員等が経営，営業，生産，研究開発，販売促進等の企業活動における経験等を通じて形成したノウハウ等
　　ハ　生産工程，交渉手順及び開発，販売，資金調達等に係る取引網等
　さらに，国外関連取引に関して重要な価値を有し所得の源泉となると認められる無形資産（以下「重要な無形資産」といいます）に該当する場合には，そ

のように判断した理由を併せて記載する必要があります。

　国外関連取引に関して重要な価値を有し所得の源泉となるか否かの判断に当たっては，法人又は国外関連者の無形資産の形成に係る活動，機能等（例：研究開発，広告宣伝），市場の状況等を十分に分析し，その活動，機能等が基本的な製造・販売等の活動だけでは生み出すことができない利益の発生に貢献しているかについて考慮することになります。その判断に当たっては，事例集【事例10】～【事例15】を参照してください。

【必要な情報の例】
・法人又は国外関連者が所有及び登録し，又は使用許諾している無形資産のうち，国外関連取引において使用した無形資産の種類並びにその内容
・使用に係る契約条件，使用開始時期及び使用料の額
・無形資産の形成，開発，改善，維持，保護，使用に寄与，貢献した事実（意思決定，役務提供，費用負担，リスク管理をそれぞれ誰がいつ，どこで，どのように行ったのか等）
・国外関連取引と無形資産の関連性及びその無形資産が重要な無形資産に該当すると判断した場合のその判断理由

【準備する書類】
　上記のような必要な情報が記載されている書類を準備します。
　なお，既存の書類では情報が不足する場合には，次の例4を参考に，必要な情報を記載した書類を適宜作成することになります。

［参考］既存の書類の例
・保有する無形資産のリスト
・特許権，商標等の登録内容が記載されている書類
・無形資産の使用等に関して定めた契約書（覚書，取決めを含みます），りん議書
・無形資産の形成等に寄与した研究開発部署，製造技術部署及び生産技術部署等の業務内容が記載されている書類
・有価証券報告書（無形資産に関する記載の部分）

- （販売網が無形資産に該当する場合）営業部署の業務内容，店舗一覧及び代理店一覧
- （グローバルマーケティングが無形資産に該当する場合）ブランドの維持又は向上に係る広告宣伝等の企画書類

例4① 国外関連取引において使用している無形資産に係る整理表の例
（国外関連者が製造業の場合）

無形資産に係る整理票

国外関連者名 ＿＿＿＿＿＿＿＿＿＿＿＿＿

> 国外関連取引を行う擦に使用している，主な無形資産の区分を記載する。

無形資産の区分	法人の無形資産 内容・契約条件等	国外関連者の無形資産 内容・契約条件等
製品に係るもの	▶製品に係る研究開発の成果 （特許権，ノウハウ等） ▶製品を製造する機械設備の仕様に係るノウハウ	なし
製造に係るもの	▶製造に係る特許権，ノウハウ等 ・製造方法に係る特許権，ノウハウ等 ・工場レイアウト，製造ラインに係るノウハウ等 ・機械設備の使用方法に係るノウハウ等 ・従業員へのトレーニングに係るノウハウ等	▶製品の製造工程の効率化，歩留まり率の向上に係るノウハウ（X国以外の凡用性はほとんどない）
商標権	▶ブランドを保有 ▶製品等の商標権（ロゴマーク等を含む）を保有 （法人の大規模な宣伝活動による全世界での商標の高い認知度）	なし
マーケティングに係るもの	▶法人の全世界的なイメージ広告によるに商品の高い認知度	▶X国内における広告宣伝等の認知活動によるもの

例4② 国外関連取引において使用している無形資産に係る整理表の例
（国外関連者が販売業の場合）

無形資産に係る整理票

国外関連者名 _____

> 国外関連取引を行う擦に使用している，主な無形資産の区分を記載する。

無形資産の区分	法人の無形資産	国外関連者の無形資産
	内容・契約条件等	内容・契約条件等
製品に係るもの	▶製品に係る研究開発の成果 （特許権，ノウハウ等） ▶製品を製造する機械設備の仕様に係るノウハウ	なし
製造に係るもの	▶製造に係る特許権，ノウハウ等 ・製造方法に係る特許権，ノウハウ等 ・工場レイアウト，製造ラインに係るノウハウ等 ・機械設備の使用方法に係るノウハウ等 ・従業員へのトレーニングに係るノウハウ等	なし
商標権	▶ブランドを保有 ▶製品等の商標権（ロゴマーク等を含む）を保有 （法人の大規模な宣伝活動による全世界での商標の高い認知度）	なし
マーケティングに係るもの	▶法人の全世界的なイメージ広告によるに商品の高い認知度	▶X国内の販売促進活動による販売網の拡大，顧客リストの充実 ▶X国内における広告宣伝等の認知活動によって向上した製品の認知度

> 1号ニ（契約関係）当該国外関連取引に係る契約書又は契約の内容を記載した書類

【説明】

　1号ニに規定する書類には，国外関連取引に係る契約書（覚書，取決め等の契約書に類する書類を含みます。）が該当しますが，その記載内容については，非関連者間で取引を行う場合に通常記載される又は取り決められる取引条件等について明示されている必要があります。また，国外関連取引に係る条件が口

頭や電子メールで定められており、特に契約書に記載されていなくても、国外関連者との間で遵守することとしている条件（社内規定等も含みます。）がある場合には、別途、これらの事項を説明した書類及びそれを裏付ける資料を用意する必要があります。

【必要な情報の例】
・国外関連取引に係る契約等の内容

【準備する書類】
　上記のような必要な情報が記載されている書類を準備します。なお、既存の書類では情報が不足する場合には、必要な情報を記載した書類を適宜作成することになります。

［参考］既存の書類の例　契約書及び付属書類・契約の内容を記載した書類

> １号ホ（取引価格の設定，事前確認等の状況）
> 　法第66条の４第１項の法人が，当該国外関連取引において当該法人に係る国外関連者から支払を受ける対価の額又は当該国外関連者に支払う対価の額の明細，当該支払を受ける対価の額又は当該支払う対価の額の設定の方法及び当該設定に係る交渉の内容を記載した書類並びに当該支払を受ける対価の額又は当該支払う対価の額に係る独立企業間価格の算定の方法及び当該国外関連取引に関する事項についての我が国以外の国又は地域の権限ある当局による確認がある場合における当該確認の内容を記載した書類

1　取引価格の設定

【説明】
　１号ホに規定する取引価格の設定に関する書類は，国外関連取引において法人が国外関連者から支払を受ける（又は国外関連者に支払う）対価の額の明細を説明する書類並びに法人が国外関連者から支払を受ける（又は国外関連者に支払う）対価の額の設定方法及び当該対価の額を設定するに当たり国外関連者と行った交渉の内容を説明する書類です。
　なお，上述の対価の額の明細とは，単価，数量，取引価格，通貨等の情報を

いいます。

また，法人が対価の額を設定する際に，措置法第66条の4第2項各号に掲げる方法によって算定した独立企業間価格を用いてその対価の額としている場合には，後述の2号イに規定する書類をもって当該対価の額の設定方法を記載した書類であるとして差し支えありませんが，措置法第66条の4第2項各号に掲げる方法以外の方法によってその対価の額を設定している場合には，具体的にどのように価格の決定を行ったかの検討過程及び理由等を詳細に記載する必要があります。

さらに，価格を改定した場合には，改定の時期，改定の理由及び改定前後の価格設定方法等並びに価格改定時に参照した情報等を記載する必要があります。

【必要な情報の例】
○国外関連取引が棚卸資産の売買の場合
・棚卸資産の単価（取引相場の有無を含みます），取引数量，取引価格及び取引通貨
・年間取引金額
・対価の額の設定方法

○国外関連取引が役務提供の場合
・取引価格，その計算方法（取引相場の有無を含みます）及び取引通貨
・年間取引金額・対価の額の設定方法

○国外関連取引が金銭の貸借の場合
・受払いした金利の額，その設定方式（変動，固定），利率，利払方法及び取引通貨・元本の額及び取引通貨
・対価の額の設定方法

○国外関連取引が無形資産の使用許諾の場合
・取引価格，その計算方法及び取引通貨

・年間取引金額・対価の額の設定方法

○国外関連取引が無形資産の譲渡の場合
・無形資産の譲渡対価の額及び取引通貨
・対価の額の設定方法及び計算過程（例えば，計算方法にディスカウントキャッシュフロー法等の収益還元法を用いている場合には，将来の収益予測や割引率等の情報を含みます）

○国外関連取引がグローバルトレーディングの場合
・関与する拠点に配分されている対価の額，その計算方法及び取引通貨
・対価の額の設定方法

○国外関連取引が事業譲渡等の場合・事業譲渡等の対価の額及び取引通貨
・対価の額の計算（価値評価）過程（例えば，計算方法にディスカウントキャッシュフロー法等の収益還元法を用いている場合には，将来の収益予測や割引率等の情報を含みます）

また，上記の情報のほか，次の情報が挙げられます。
・国外関連取引に係る取引条件等の交渉によって決定された対価の設定過程
・対価を設定する際に検討した法人の収支状況（国外関連取引につき支払を受ける対価の額と発生する費用の比較等）及び市況に係る情報
・対価の額を設定する際に検討した法人と国外関連者の利益配分状況（又は予測値）
・その他取引価格又は利益率等に影響を与えるものとして検討した諸要因（※）及び対価の額を算出した際に参考とした情報
　　※例えば，法人が，事業の方針及び事業戦略を考慮して，取引価格を設定しているような場合には，その事業の方針及び事業戦略を含みます。

・価格調整金に関する事前の取決めがある場合には，事務運営指針3-20（価

格調整金等がある場合の留意事項）の要件を満たすことが分かる情報
・価格を改定した場合には，改定時期や理由，改定前後の価格設定方法及び価格改定時に参照した情報等（為替相場を想定して価格設定した場合には，その為替相場の情報を含みます）

【準備する書類】

上記のような必要な情報が記載されている書類を準備します。なお，既存の書類では情報が不足する場合には，必要な情報を記載した書類を適宜作成することになります。（参考：既存の書類の例）

・商品のパンフレット，カタログ又はプライスリスト
・法人及び国外関連者の間の契約書（覚書，取決めを含みます）
　※契約書等の内容を補完するもの（当該事業年度において，改訂があればその前後のもの）も併せて必要となる場合があります。

・契約締結（対価の額の設定及び改定に関する内容を含みます）に係る会議議事録，りん議書及び承認に関する書類
・対価の額の設定及び改定を行う上で利用した資料・対価の額の設定及び改定に係る当事者間の交渉記録並びに経緯について記載した記録，メモ及び社内メール
・移転価格設定ポリシー（方針）を記載した書類
・過去の対価の額の推移が分かる書類

2　事前確認等の状況
【説明】

1号ホに規定する事前確認等の状況に関連する書類は，国外関連取引に係る外国の税務当局のみによる事前確認，国外関連取引と密接に関連する他の取引に係る外国の税務当局のみによる事前確認及び相互協議を伴う事前確認（我が国が当事者となっている事前確認を除きます）並びにこれらの取引に係る外国の税務当局との税務ルーリングがある場合の外国の税務当局からの通知等が該当します。

※国外関連取引に密接に関連する他の取引とは，国外関連取引に影響を与える取引であり，例えば，国外関連取引と連鎖している取引，国外関連取引の価格設定の参考にしている取引等をいいます。

【必要な情報の例】

・事前確認等の当事者となる国外関連者の名称，所在する国又は地域及び外国の税務当局の名称・事前確認等で税務当局により確認を受けた又は取り決められた内容
・（国外関連取引と密接に関連する他の取引が外国の税務当局との事前確認等の対象となっている場合）その取引の内容及び国外関連取引との関連性

【準備する書類】

上記のような必要な情報が記載されている書類を準備します。

なお，既存の書類では情報が不足する場合には，必要な情報を記載した書類を適宜作成することになります。

[参考] 既存の書類の例

・外国の税務当局からの通知又は当該通知の内容を記載した書類
※外国の税務当局のみによる事前確認，相互協議を伴う事前確認（我が国が当事者となっている事前確認を除きます），その他の税務ルーリング（独立企業間価格の算定に関するものに限ります）を記載したもの。

＜コメント＞

1号ホの（取引価格の設定）で例示されて項目はほとんどが1号イ（資産及び役務の内容）でカバーされており重複しています。したがって新たに追加する情報はないものと考えられます。将来的には，1号イと1号ホにおける「必要な情報の例」の記載は，重複しないように整理をする必要があると思われます。

また（事前確認等の状況）については内国法人がわが国の課税当局と合意した事前確認（バイラテラルおよびユニラテラル）は該当せず，海外当局とのユニラテラルの事前確認が対象となります。

> 1号ヘ（国外関連取引に係る損益の切出し）法第66条の4第1項の法人及び当該法人に係る国外関連者の当該国外関連取引に係る損益の明細並びに当該損益の額の計算の過程を記載した書類

【説明】

　1号ヘに規定する書類は，法人及び国外関連者双方の国外関連取引に係る損益（原則，営業損益まで算出します。）及び当該損益の額の計算の過程を説明する書類です。移転価格税制においては，独立企業間価格は，原則として取引単位ごとに算定しますので，取引単位に区分し切り出された損益（以下「切出損益」といいます。）の資料が必要になります。具体的には，単体の損益計算書から国外関連取引に係る損益を区分し切り出すことにより作成し，明確に区分できない費用（共通費用）がある場合には，合理的な基準を用いてその費用の配賦を行い，営業損益まで算出します。なお，国外関連者の仕入が，全て当該法人との取引である場合等には，国外関連者の会社単位の損益を用いることができます。

【必要な情報の例】

・国外関連取引に係る法人及び国外関連者の切出損益
　※売上，売上原価，売上総利益，販売費及び一般管理費，営業損益の切出しが必要となります。

・外貨建ての損益を円に換算した場合には使用した為替相場
・損益の切出基準，その基準を用いた理由及びその算出過程
・共通費用，本社費用等国外関連者から配賦されている費用がある場合にはその費用に係る役務の内容，配賦された費用の計算方法及び計算過程
・会計処理の変更，セグメントの変更等，前事業年度の損益と比較する場合に参考とすべき事項

【準備する書類】

　上記のような必要な情報が記載されている書類を準備します。
　なお，既存の書類では情報が不足する場合には，次の例5を参考に，必要な

情報を記載した書類を適宜作成することになります。

[参考] 既存の書類の例
・法人及び国外関連者の単体の監査済財務諸表（監査済の財務諸表がない場合には未監査の財務諸表）
・（損益が国外関連取引の取引単位ごとに区分されている場合）セグメント損益や事業部損益等の管理会計で用いている切出損益（例えば，金融機関等外部へ提出するものや事業部の業績評価を行うためのもの）及びその作成過程

例5-1　国外関連者の国外関連取引に係る切出損益の作成過程を示す図の例

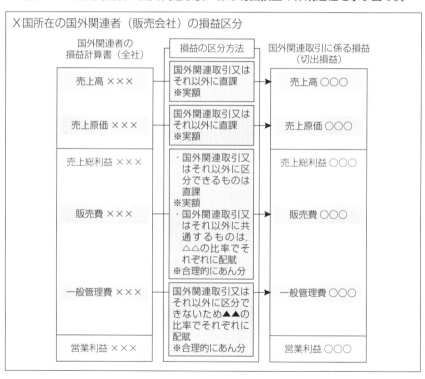

例5-2　法人の各国外関連取引に対する切出損益の作成過程を示す図の例

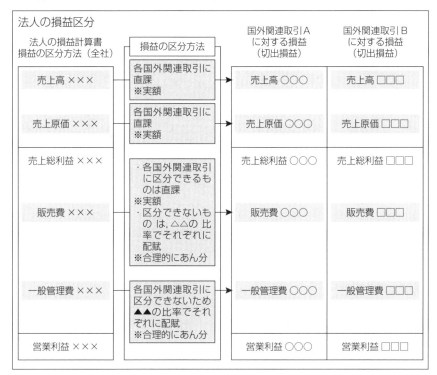

1号ト（市場の状況）当該国外関連取引に係る資産の販売，資産の購入，役務の提供その他の取引に係る市場に関する分析（当該市場の特性が当該国外関連取引に係る対価の額又損益の額に与える影響に関する分析を含む）その他当該市場に関する事項を記載した書類

【説明】
　1号トに規定する書類は，国外関連取引の対象となる商品，製品，役務等に係る地理的市場の特性，政府の政策（注）及び為替変動の影響等を説明する書

類です。ここでは，国外関連取引の対象となっている商品若しくは製品が販売されている又は役務が提供されている地理的市場を特定した上で，その市場の概要及びその市場の特有の状況が国外関連取引に係る対価の額又は損益の額に与える影響を記載する必要があります。具体的には，当該商品又は製品が販売されている市場規模，当該役務が提供されている市場規模，法人グループのシェア，地理的に特有な事情，許認可の状況，国外関連取引を行っている法人又は国外関連者の所在する国又は地域における政府の政策が与える影響，為替の影響等が該当します。併せて，当該国外関連取引の当事者がどの取引段階に属するのか（小売又は卸売，一次問屋又は二次問屋の別）を明らかにすることも必要となります。

(注) 政府の政策とは，法令，行政処分，行政指導その他の行政上の行為による価格に対する規制，優遇税制，金利に対する規制，使用料等の支払に対する規制，補助金の交付，ダンピングを防止するための課税，外国為替の管理等の政策をいいます。

【必要な情報の例】

・国外関連取引の対象となる商品若しくは製品が販売されている又は役務が提供される地理的市場に係る情報
 ※例えば，商品，製品又は役務の需要，市場規模，地理的に特有な事情（例：人件費水準，市場価格の水準，需要の変動，顧客の嗜好），許認可の状況が該当します。

・市場における競争の概要
 ※例えば，法人グループ及び競合他社のシェア，競合他社の名称が該当します。

・市場における政府の政策（例：関税の優遇）の内容，当該政策が国外関連取引に係る対価の額又は損益の額に与える影響・国外関連取引に係る対価の額又は損益の額に影響を与える為替の変動状況

・その他国外関連取引に係る対価の額又は損益の額に影響を与える市場の要因に係る情報

・（計算している場合）影響額

【準備する書類】

上記のような必要な情報が記載されている書類を準備します。

なお，既存の書類では情報が不足する場合には，必要な情報を記載した書類を適宜作成することになります。

[参考] 既存の書類の例
・有価証券報告書
・年次報告書（アニュアルレポート）
・市場分析資料（営業用等に社内で作成したものや外部専門家に依頼したもの）
・市販の市場分析資料などの参考文献の写し
・国外関連者の所在する国又は地域において適用される優遇税制の概要

> 1号チ（事業内容，事業方針及び組織の系統）法第66条の4第1項の法人及び当該法人に係る国外関連者の事業の内容，事業の方針及び組織の系統を記載した書類

【説明】
　1号チに規定する書類は，法人及び国外関連者が行っている事業の詳細，事業の方針及び事業戦略並びに法人及び国外関連者の組織について説明する書類です。事業の方針及び事業戦略等の記載に当たって，例えば「市場シェアの獲得を目的に，競合相手よりも安価な小売価格とするため，国外関連者に輸出する価格については戦略的に○％程度低い販売価格を設定している。」，「市場に参入したばかりの段階のため，市場に浸透しブランドイメージを構築するために広告宣伝や販売促進を増加させている。」，「現地政府の優遇税制を享受するため事業再編を行って機能を変更している。」といった事業の方針や事業戦略の詳細を記載することになります。

【必要な情報の例】
・法人及び国外関連者の事業内容の詳細
・法人及び国外関連者の主な部署並びに当該部署の業務内容及び所属人員・法

人及び国外関連者の事業方針・法人及び国外関連者の市場開拓や浸透政策等の事業戦略等（将来キャッシュフロー予測を行っている場合には，当該キャッシュフロー予測を含みます）
・法人及び国外関連者の事業戦略が国外関連取引に係る対価の額及び取引当事者の損益に及ぼす影響並びに（計算している場合）その影響額又は率【準備する書類】上記のような必要な情報が記載されている書類を準備します。なお，既存の書類では情報が不足する場合には，必要な情報を記載した書類を適宜作成することになります。(参考：既存の書類の例)
・法人及び国外関連者の経営組織図，所属員数表，業務分掌表（又は業務規定），業務フロー図，有価証券報告書，年次報告書（アニュアルレポート），会社案内及びホームページをアウトプットしたもの
・中長期経営計画及び事業計画書
・事業計画又は事業方針に係る会議資料及びりん議書

1号リ（密接に関連する他の取引）
　当該国外関連取引と密接に関連する他の取引の有無及びその取引の内容並びにその取引が当該国外関連取引と密接に関連する事情を記載した書類

【説明】
　1号リに規定する書類は，国外関連取引と密接に関連する他の取引が存在するか否か，存在する場合にはその取引の内容，その取引が国外関連取引にどのように関連するのかについて説明する書類です。国外関連取引と密接に関連するとは，例えば，次のような取引状況が該当します。
① 法人が，X国の国外関連者S1に基幹部品を輸出し，保有する製造技術の使用許諾を行い，国外関連者S1がその基幹部品と使用許諾された製造技術を用いて製品を製造し，その製品を全てY国の国外関連者S2に輸出し，国外関連者S2がY国内のエンドユーザーに販売する場合があります。

この三者の取引は製造からエンドユーザーへの販売まで一連の取引（いわゆる連鎖取引）であり，一連の取引であることがそれぞれの取引価格に影響していることから，法人とX国の国外関連者Ｓ１，X国の国外関連者Ｓ１とY国の国外関連者Ｓ２の間の取引は密接に関連しているということができます（例６①を参照してください）。

② 法人が，X国の国外関連者Ｓ１に対してコーヒーマシンを販売し，同じくX国の国外関連者Ｓ２に当該コーヒーマシン専用のコーヒーパックを販売している場合において，装置であるコーヒーマシンの販売で利益を得るのではなく，専用の消耗品であるコーヒーパックの販売によって利益を得るような事業戦略を採用している場合には，それぞれの取引価格が互いに影響し合っているため，これらの二つの取引は密接に関連しているということができます（例６②を参照してください）。

③ 法人が，X国の国外関連者にアフターサービスが必要な製品を販売し，さらにその製品のアフターサービスに係る役務提供を行っている場合において，製品の販売取引と役務提供取引を一体として行われていることから，この二つの取引は密接に関連しているということができます（例６③を参照してください）。なお，関連する複数の国外関連取引を一の取引として独立企業間価格を算定する場合には，後述の２号ニを参照してください。

【必要な情報の例】

・国外関連取引と密接に関連する他の取引の有無及び（他の取引がある場合）当該取引の内容
　※取引の内容とは，取引の対象（棚卸資産の種類，役務の内容等），取引金額，取引に係る損益等をいいます。

・国外関連取引及びその国外関連取引と密接に関連する取引の全体像を記載した取引図

・複数の取引が密接に関連していることを示す情報
　※国外関連取引との関連性，エンドユーザーが同一か否か，それぞれの価格設定への影響を含みます。

【準備する書類】

上記のような必要な情報が記載されている書類を準備します。

なお，既存の書類では情報が不足する場合には，次の例6を参考に，必要な情報を記載した書類を適宜作成することになります。

例6①　当該国外関連取引と密接に関連する取引の内容及び関連性の説明の例
（国外関連者が製造業の場合）

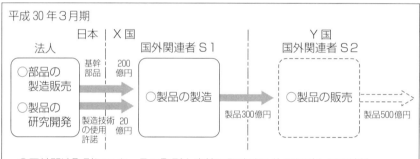

例6② 当該国外関連取引と密接に関連する取引の内容及び関連性の説明の例
　　　　（国外関連者が販売業の場合）

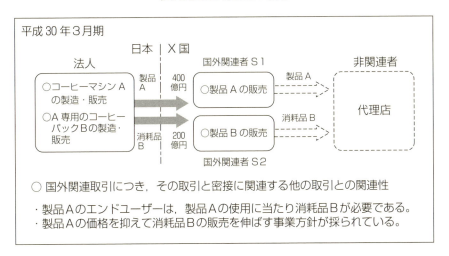

○ 国外関連取引につき，その取引と密接に関連する他の取引との関連性

・製品Aのエンドユーザーは，製品Aの使用に当たり消耗品Bが必要である。
・製品Aの価格を抑えて消耗品Bの販売を伸ばす事業方針が採られている。

例6③ 当該国外関連取引と密接に関連する取引の内容及び関連性の説明の例
　　　　（国外関連者が販売業の場合）

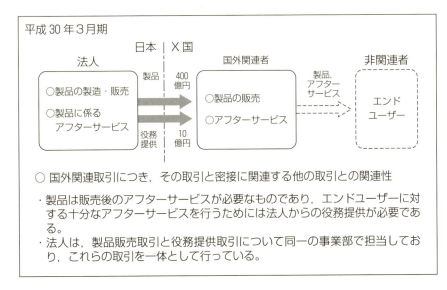

○ 国外関連取引につき，その取引と密接に関連する他の取引との関連性

・製品は販売後のアフターサービスが必要なものであり，エンドユーザーに対する十分なアフターサービスを行うためには法人からの役務提供が必要である。
・法人は，製品販売取引と役務提供取引について同一の事業部で担当しており，これらの取引を一体として行っている。

> 2号イ（選定した独立企業間価格の算定方法及び選定理由）当該法人が選定した法第66条の4第2項に規定する算定の方法，その選定に係る重要な前提条件及びその選定の理由を記載した書類その他当該法人が独立企業間価格を算定するに当たり作成した書類（ロからホまでに掲げる書類を除く）

【説明】

2号イに規定する書類は，法人が選定した独立企業間価格の算定方法の内容及びその算定方法が最も適切であると判断した理由を説明する書類です。

① 最も適切な独立企業間価格の算定方法を選定する手順最も適切な独立企業間価格の算定方法を選定する手順は，事務運営指針4-1（最も適切な方法の選定に関する検討），移転価格事務運営指針　参考事例集（以下「事例集」）【事例1】《解説》2［図1：独立企業間価格の算定方法の選定の流れ（比較可能性分析の例）］を参照してください。

また，再販売価格基準法，原価基準法又は取引単位営業利益法を選定する際は，国外関連取引の当事者のいずれの者を検証対象にするか，その理由とともに記載します。なお，最も適切な方法として選定した独立企業間価格の算定方法を用いて検証した結果，国外関連取引の対価の額が独立企業間価格であるか否か，独立企業間価格でなかった場合の独立企業間価格までの価格調整方法も併せて説明する必要があります。

② 最も適切な独立企業間価格の算定方法の選定に当たって留意すべき事項

最も適切な独立企業間価格の算定方法の選定に当たっては，措置法通達66の4(2)-1（最も適切な算定方法の選定に当たって留意すべき事項）を参照してください。

［参考］〜措置法通達66の4(2)-1（最も適切な算定方法の選定に当たって留意すべき事項）(抄)〜

措置法第66条の4第2項に規定する「最も適切な方法」の選定に当たり，同項の「当該国外関連取引の内容及び当該国外関連取引の当事者が果たす機能その他の事情を勘案して」とは，国外関連取引及び非関連者間取引に係る〜（略）〜

次に掲げる点を勘案することをいうのであるから留意する。
　(1)　独立企業間価格の算定方法の長所及び短所
　(2)　国外関連取引の内容及び当該国外関連取引の当事者の果たす機能等に対する独立企業間価格の算定方法の適合性
　(3)　独立企業間価格の算定方法を適用するために必要な情報の入手可能性
　(4)　国外関連取引と非関連者間取引との類似性の程度
③　最も適切な独立企業間価格の算定方法が複数ある場合最も適切な独立企業間価格の算定方法の候補が複数ある場合には，事務運営指針4-2（独立企業間価格の算定における基本三法の長所）を参照してください。
④　「準ずる方法」を用いる場合「準ずる方法」とは，措置法第66条の4第2項第1号イからハまでに掲げる方法に係る同号ニに規定されている「準ずる方法」又は措置法施行令第39条の12第8項第1号から第5号までに-25-掲げる方法に係る同項第6号に規定されている「準ずる方法」をいいます。これらは，措置法第66条の4第2項第1号イからハまでに掲げる方法又は措置法施行令第39条の12第8項第1号から第5号までに掲げる方法の考え方から乖離しない限りにおいて，取引内容に適合した合理的な方法を採用することができるものと解されており，「準ずる方法」を適用する場合には，その合理性の記載が必要となります。「準ずる方法」の適用に当たっては，事例集【事例1】（参考3），さらに，特に措置法施行令第39条の12第8項第2号から第5号までに掲げる方法に係る同項第6号に規定されている「準ずる方法」を適用する場合には，措置法通達66の4(6)-1（準ずる方法の例示）を参照してください。
⑤　複数年度の比較対象取引を考慮する必要がある場合国外関連取引に係る棚卸資産等が一般的に需要の変化，製品のライフサイクル等により価格が相当程度変動することにより，各事業年度の情報のみで移転価格税制上の問題を検討することが適当ではないと認められる場合には，当該事業年度の前後の合理的な期間における比較対象取引の候補と考えられる取引の対価の額又は利益率等の平均値等を基礎として検討することができます。そ

の場合には，比較対象取引の複数年度のデータを用いる場合のその合理性の説明が必要となります。事務運営指針3-2(2)（調査に当たり配意する事項）及び事例集【事例24】を参照してください。

⑥　重要な前提条件がある場合

　法人が，選定した独立企業間価格の算定方法の適用に当たり重要となる前提条件を付している場合には，その説明が必要となります。重要な前提条件とは，最も適切な独立企業間価格の算定方法を適用する際の前提となる事業上又は経済上の諸条件のことであり，重要な前提条件に定める状況の変化が生じた場合には，当該状況の下で改めて独立企業間価格の算定方法を検討する必要があります。重要な前提条件については，事例集【事例28】を参照してください。

【必要な情報の例】

・法人が選定した独立企業間価格の算定方法及びその選定過程（選定した理由，勘案すべき事項の検討内容を含みます）

・最も適切な独立企業間価格の算定方法が，再販売価格基準法，原価基準法及び取引単位営業利益法である場合の利益率を検証する当事者の名称（検証対象とする法人名）及びその当事者を検証対象とする理由並びに利益水準指標及びその利益水準指標を採用した理由

・法人が選定した独立企業間価格の算定方法を国外関連取引に適用した算定結果

　　※算定結果には以下の情報を含みます。

　　　➢検証する損益が切出損益である場合には，切り出した売上，売上原価，売上総利益，販売費及び一般管理費，営業利益，利益率並びに各項目の算出過程及び使用した財務データ

　　　➢切出損益の作成に当たり，個別に調整した項目がある場合にはその項目，調整方法及びその調整の理由

　　　➢取引に密接な関連があるとされる国外関連者の複数の取引に係る損益を一の取引に係る損益として検証する必要がある場合，合算損益の情報（相殺がある場合には，当該相殺の方法及び相殺する理由等を含みます。）

- <u>検証の結果,独立企業間価格で取引されていなかった場合の価格調整方法(具体的な調整計算方法,価格調整額,調整を要する取引の相手方である国外関連者の名称等)</u>
- 最も適切な独立企業間価格の算定方法が「準ずる方法」である場合,その手法が①取引内容に適合しているとする理由,②措置法第66条の4第2項第1号イからハまでに掲げる方法又は措置法施行令第39条の12第8項第1号から第5号までに掲げる方法の考え方から乖離しない合理的な方法であるとする理由
- 比較対象取引の複数年度のデータを用いて独立企業間価格を算定する場合の理由及び適用する比較対象取引の年度
- 法人が選定した独立企業間価格の算定方法を適用するに当たっての重要な前提条件に関する事項を説明するもの

【準備する書類】

　上記のような必要な情報が記載されている書類を準備します。

　なお,既存の書類では情報が不足する場合には,次頁の例7を参考に,必要な情報を記載した書類を適宜作成することになります。

例7　法人が選定した独立企業間価格の算定方法及び選定理由等を説明する書類の例
（前提とした取引）
当社がX国に所在する国外関連者S社に，当社が製造した製品を輸出する取引

項目	内容
1　独立企業間価格の算定方法	取引単位営業利益法に準ずる方法 （検証対象：S社，検証する利益水準指標：売上高営業利益率）
2　1が最も適切である理由等	独立価格比準法，再販売価格基準法及び原価基準法については，比較可能な取引を把握できなかったことから適用できない。利益分割法については，比較対象取引に係る所得の配分に関する割合及び対象国外関連取引に係る所得の発生に寄与した程度を推測するに足りる要因がそれぞれ把握できなかったため適用できない。よって上記1の方法が最も適切と判断した。 　また，S社の主な機能は再販売であり，当社に比べてより単純な機能を果たしていることから，S社を検証対象とし，さらに，S社は第三者に販売していることから，検証する利益水準指標は売上高営業利益率が適切である。 　なお，準ずる方法を合理的と判断した理由は，事例集【事例1】（参考3）基本三法に準ずる方法のとおり。 【補足資料】 ・上記検討を行った際の資料
3　独立企業間価格の算定方法を当該国外関連取引に適用した算定結果	取引単位営業利益法に準ずる方法に基づき算出した比較対象取引に係る営業利益率は○○％～△△％の範囲であり，S社の×年×期の営業利益率●●％はその範囲内にあることから，本件取引は独立企業間価格で行われたと言える。 　　取引単位営業利益法に準ずる方法に基づき算出した比較対象取引に係る営業利益率は○○％～△△％の範囲であり，S社の×年×期の営業利益率は期末時点で●●％とその範囲を下回っていたことから，予め定めていたとおり期末において上記範囲の平均値である◎◎％となるように価格調整金として▲▲円を当社がS社に支払うこととした。 【補足資料】 ・検証に用いた資料・検証した結果を示す資料 ・価格調整金計算資料・価格調整金の計上及び支出を示す資料等
4　その他の項目	選定した独立企業間価格の算定方法を適用するに当たり重要な前提条件となるような重要な事業上又は経済上の条件はない。

≪コメント≫
2号イの（選定した独立企業間価格の算定方法及び選定理由）において，「独立企業間価格でなかった場合の独立企業間価格までの価格調整も併せて説明する必要があります。」とあります。
　いわゆる移転価格の価格調整金に係る情報をローカルファイルに記載させることを意図していると思われますが，もしそうであれば，独立した項目にするなどの納税者に解りやすくする必要があると思われます。

2号ロ（比較対象取引の選定）
　当該法人が採用した当該国外関連取引に係る比較対象取引（法第66条の4第2項第1号イに規定する特殊の関係にない売手と買手が国外関連取引に係る棚卸資産と同種の棚卸資産を当該国外関連取引と同様の状況の下で売買した取引，施行令第39条の12第6項に規定する比較対象取引，同条第7項に規定する比較対象取引，同条第8項第1号イに規定する比較対象取引，同号ハ(1)に規定する比較対象取引，同項第2号に規定する比較対象取引，同項第3号に規定する比較対象取引，同項第4号に規定する比較対象取引及び同項第5項に規定する比較対象取引をいう。以下この号において同じ）（法第66条の4第2項第1号ニに掲げる準ずる方法に係る比較対象取引に相当する取引，施行令第39条の12第8項第6号に掲げる方法に係る比較対象取引に相当する取引及び法第66条の4第2項第2号に定める方法に係る比較対象取引に相当する取引を含む。以下この号において「比較対象取引等」という）の選定に係る事項及び当該比較対象取引等の明細（当該比較対象取引等の財務情報を含む）を記載した書類

【説明】
　2号ロに規定する書類は，法人が比較対象取引を用いて独立企業間価格を算

定するに当たり，比較対象取引をどのような基準に基づいて選定したのかを説明する書類及び比較対象取引に係る企業の概況等を説明する書類です。

比較対象取引の選定に当たっては，まず，内部比較対象取引の有無を確認し，非関連者との取引がない場合は外部比較対象取引に係る情報源（企業情報データベース等）に基づいて比較対象取引として利用可能な取引の有無を確認します。事例集【事例1】《解説》2［図1：独立企業間価格の算定方法の選定の流れ（比較可能性分析の例）］を参照してください。

次に，比較対象取引の選定において，例えば，(1)棚卸資産の種類，役務の内容等，(2)売手又は買手の果たす機能，(3)契約条件，(4)市場の状況，(5)売手又は買手の事業戦略について国外関連取引との類似性を検討している場合は，その検討した内容を記載してください。措置法通達66の4(3)-3（比較対象取引の選定に当たって検討すべき諸要素等）及び事例集【事例1】《解説》4［図2：比較対象取引の選定に係る作業において考慮する点（例）］を参照してください。

さらに，外部比較対象取引から比較対象取引を選定する場合には，比較対象取引の選定を行う日において公開データ等より利用可能である最新の情報を利用するとともに，合理的な基準でスクリーニングすることが必要です。事例集【事例1】《解説》4［図3：比較対象取引候補のスクリーニング例］を参照してください。

なお，信頼ある比較可能性分析を行うためには，比較対象取引の選定及び情報の更新を毎年行うことが望ましいですが，国外関連取引と比較対象取引における事業の状況が変わらない場合には，比較対象取引の選定を3年ごとに見直すこととしても差し支えありません。

【必要な情報の例】
○比較対象取引を内部比較対象取引から選定した場合
・比較対象取引の内容及び比較対象取引に係る両当事者の機能等（措置法通達66の4(3)-3にある諸要素のわかるもの）
・比較対象取引として利用可能と判断した理由，検討過程及び選定した時期（比較対象取引の情報は，比較対象取引の選定を行う日において利用可能で

ある最新の情報によります)
・法人が採用した比較対象取引の価格又は利益率及びその計算に使用した財務データ
○比較対象取引を外部比較対象取引から選定した場合
・外部比較対象取引の選定過程,選定基準,選定基準を設けた理由及び選定時期(比較対象取引の情報は,比較対象取引の選定を行う日において利用可能である最新の情報によります)
・比較対象取引の内容及び比較対象取引に係る両当事者の機能等(措置法通達66の4(3)-3にある諸要素のわかるもの)(公開情報で入手可能な程度)
・法人が採用した比較対象取引を利用可能と判断した理由
・法人が採用した比較対象取引の価格又は利益率及びその計算に使用した財務データ

【準備する書類】

上記のような必要な情報が記載されている書類を準備します。なお,既存の書類では情報が不足する場合には,次の例8を参考に,必要な情報を記載した書類を適宜作成することになります。

例8 比較対象取引の選定に係る事項及び比較対象取引等の明細を記載した書類の例

※前提とした取引は例7と同様。

項目内容1 比較対象取引の選定に係る事項
(1) 比較対象取引候補の特定 以下のような企業を比較対象取引候補の母集団とした。
・X国におけるS社の所属する業界団体の名簿や業界情報誌に掲載されている企業のうち,上場企業等で企業データを入手できる企業
・X国におけるS社の競合会社である企業のうち,上場企業等で企業データを入手できる企業
・△年△月時点の企業情報データベースである○○を用いて,業種分類コー

ド（SICコード）を参考に，×××，×××，×××及び×××といった業種に属する企業

(2) 比較対象取引の選定過程選定に当たっては，定量基準及び定性基準に基づいて比較可能性のない法人を除外し，最終的に△社（企業数）を選定した（分析時期○年○月）。

　　イ　定量基準　①…………　②…………　③…………
　　ロ　定性基準　①…………　②…………　③…………

【補足資料】
・母集団の法人リスト（法人名，事業概況，検証指標の利益率を明示）
・選定基準及びその選定基準を設けた理由
・選定除外法人リスト（法人名及び除外理由を明示）
・選定に用いた資料等

2　比較対象取引等の明細

(1) 比較対象取引を行う法人数：△社
(2) 検証に用いる利益率：比較対象取引を行う△社の平成×年の売上高営業利益率により○○％～△△％（平均値：◎◎％）という利益率の範囲を求め，当該利益率の範囲を独立企業間価格の幅としてＳ社の売上高営業利益率を検証した。

【補足資料】
・比較対象取引を行う法人の概要資料（事業概要・取扱製品・機能・市場・決算期・損益等）
・国外関連取引と比較対象取引との比較可能性に関する検討資料
・利益率の範囲の算定資料
・その他検討に当たり作成，参照した資料等

> 2号ハ（利益分割法を用いた場合の計算）
> 当該法人が施行令第39条の12第8項第1号に掲げる方法又は同項第6号に掲げる方法（同項第1号に掲げる方法に準ずる方法に限る）を選定した場合におけるこれらの方法により当該法人及び当該法人に係る国外関連者に帰属するものとして計算した金額を算出するための書類（ロ及びホに掲げる書類を除く）

【説明】

2号ハに規定する書類は，法人が独立企業間価格の算定方法として措置法施行令第39条の12第8項第1号に掲げる利益分割法（イ比較利益分割法，ロ寄与度利益分割法，ハ残余利益分割法）及び同項第6号に掲げる当該利益分割法に準ずる方法を選定した場合に，法人及びその国外関連者に帰属する利益の計算の過程を説明する書類です。

【必要な情報の例】

・利益分割法の分割対象となる合算損益の算定に関する資料
  ※合算損益とは，国外関連取引における両当事者の国外関連取引に係る損益を合算した財務数値をいいます。
  ※分割対象となる損益がそれぞれの財務諸表から切り出した損益である場合には，切り出した売上，売上原価，売上総利益，販売費及び一般管理費，営業損益並びに各項目の算出過程及び使用した財務データを含みます。
  ※切出損益の作成に当たり，個別に調整した項目がある場合にはその項目，調整方法及びその調整理由を含みます。

・（残余利益分割法を適用する場合）基本的利益の算出過程及び使用した財務データ
  ※残余利益分割法においては，合算損益を基本的利益と残余利益等に分けて2段階の配分を行うことになりますが，基本的利益の計算に当たり，基本的取引の選定を行った場合については，前述の2号ロの書類に記載する情報を参考にしてください。
  ※採用した利益水準指標，その利益水準指標を採用した理由及びその利益率の算出過程を含みます。

・分割対象損益又は残余利益等を配分するために使用した分割要因（例：法人

の○○部署の人件費，○○製品に係る研究開発費）及びその分割要因が法人又は国外関連者のどの部署の何の費用なのかを記載した書類
・分割要因が分割対象損益等の発生について寄与した程度を推測するに足りるものと判断した理由

【準備する書類】

上記のような必要な情報が記載されている書類を準備します。なお，既存の書類では情報が不足する場合には，必要な情報を記載した書類を適宜作成することになります。

> 2号ニ（複数取引を一の取引とした場合の合理性）
> 当該法人が複数の国外関連取引を一の取引として独立企業間価格の算定を行った場合のその理由及び各取引の内容を記載した書類

【説明】

独立企業間価格の算定は，原則として国外関連取引ごとに行いますが，複数の国外関連取引を一の取引として独立企業間価格を算定するのが合理的であると認められる場合（例：製造を行う国外関連者に，同一製品に係る，①部品輸出，②製造ノウハウの提供，③技術指導を行っており，それぞれの価格設定が影響し合っているような場合）があります。この場合には，その複数の取引のそれぞれの内容及び取引条件とともに，複数の取引を一の取引として独立企業間価格を算定することが合理的であると認められる理由を明らかにしておく必要があり，2号ニに規定する書類はこれらを記載する書類です。複数の取引を一の取引として独立企業間価格を算定することができる場合については，措置法通達66の4(4)-1（取引単位）を参照してください。

［参考］〜措置法通達66の4(4)-1（取引単位）（抄）〜

独立企業間価格の算定は，原則として，個別の取引ごとに行うのであるが，例えば，次に掲げる場合には，これらの取引を一の取引として独立企業間価格

を算定することができる。
(1) 国外関連取引について，同一の製品グループに属する取引，同一の事業セグメントに属する取引等を考慮して価格設定が行われており，独立企業間価格についてもこれらの単位で算定することが合理的であると認められる場合
(2) 国外関連取引について，生産用部品の販売取引と当該生産用部品に係る製造ノーハウの使用許諾取引等が一体として行われており，独立企業間価格についても一体として算定することが合理的であると認められる場合

【必要な情報の例】
・一の取引とした国外関連取引のそれぞれの内容及び各取引の関連性（前述の一号リで記載した情報）
・一の取引として独立企業間価格の算定を行うこととした検討過程

【準備する書類】
上記のような必要な情報が記載されている書類を準備します。
なお，既存の書類では情報が不足する場合には，次の例9を参考に，必要な情報を記載した書類を適宜作成することになります。

例9①一の取引とした国外関連取引のそれぞれの内容及び各取引の関係の説明並びに一の取引とした理由の例（国外関連者が製造業の場合）
（省略）
例9②一の取引とした国外関連取引のそれぞれの内容及び各取引の関係の説明並びに一の取引とした理由の例（国外関連者が販売業の場合）
（省略）

> **＜コメント＞**
> 2号ニの（複数取引を一の取引とした場合の合理性）は，1号リ（密接に関連する他の取引）とほぼ同様の内容となっています。必要な情報の例として「前述の一号リで記載した情報」を記載することを求めていますが，これはむしろ，2号ニと1号リを整理統合して，重複しないようにすることが必要と思われます。

> 2号ホ（差異の調整）
> 比較対象取引等について差異調整（法第66条の4第2項第1号イに規定する調整，施行令第39条の12第6項に規定する必要な調整，同条第7項に規定する必要な調整，同条第8項第1号イに規定する必要な調整，同号ハ(1)に規定する必要な調整，同項第2号に規定する必要な調整，同項第3号に規定する必要な調整，同項第4号に規定する必要な調整及び同項第5号に規定する必要な調整をいう。以下この号において同じ）（法第66条の4第2項第1号ニに掲げる準ずる方法に係る差異調整に相当する調整，施行令第39条の12第8項第6号に掲げる方法に係る差異調整に相当する調整及び法第66条の4第2項第2号に定める方法に係る差異調整に相当する調整を含む。以下この号において「差異調整等」という）を行った場合のその理由及び当該差異調整等の方法を記載した書類

【説明】
　比較対象取引を用いて独立企業間価格を算定する場合において，比較対象取引と国外関連取引との間に，取引価格又は利益率等に影響を及ぼすことが客観的に明らかであるような差異が存在する場合には，当該差異の調整を行った上で比較対象取引として用いることになりますが，2号ホに規定する書類は，当該調整を行った場合の調整の理由やその方法を説明する書類です。差異調整等

に係る具体的な説明は、事務運営指針4-3（差異の調整方法）及び事例集【事例9】を参照してください。

[参考] ～事務運営指針4-3（差異の調整方法）（抄）～

　国外関連取引と，比較対象取引又は措置法通達66の4(3)-1(5)に掲げる取引との差異について調整を行う場合には，例えば次に掲げる場合に応じ，それぞれ次に定める方法により行うことができることに留意する。

　なお，差異の調整は，その差異が措置法第66条の4第2項第1号イに規定する対価の額若しくは同号ロ及びハに規定する通常の利益率の算定又は措置法施行令第39条の12第8項第2号から第5号までに規定する割合の算定に影響を及ぼすことが客観的に明らかである場合に行うことに留意する（措置法第66条の4第2項第2号の規定の適用において同じ。）。

(1) 貿易条件について，一方の取引がＦＯＢ（本船渡し）であり，他方の取引がＣＩＦ（運賃，保険料込み渡し）である場合比較対象取引の対価の額に運賃及び保険料相当額を加減算する方法
(2) 決済条件における手形一覧後の期間について，国外関連取引と比較対象取引に差異がある場合手形一覧から決済までの期間の差に係る金利相当額を比較対象取引の対価の額に加減算する方法
(3) 比較対象取引に係る契約条件に取引数量に応じた値引き，割戻し等がある場合国外関連取引の取引数量を比較対象取引の値引き，割戻し等の条件に当てはめた場合における比較対象取引の対価の額を用いる方法
(4) 機能又はリスクに係る差異があり，その機能又はリスクの程度を国外関連取引及び比較対象取引の当事者が当該機能又はリスクに関し支払った費用の額により測定できると認められる場合当該費用の額が当該国外関連取引及び比較対象取引に係る売上又は売上原価に占める割合を用いて調整する方法

【必要な情報の例】
・差異調整の対象となる項目（例：貿易条件，決済条件），差異の内容及びその差異が取引価格又は利益率等に影響を及ぼすことが客観的に明らかである

と判断する理由
・具体的な差異の調整方法，その調整が適切であると判断した理由及びその調整に使用した財務データ
・差異調整を行った結果の取引価格又は利益率

【準備する書類】

　上記のような必要な情報が記載されている書類を準備します。

　なお，既存の書類では情報が不足する場合には，必要な情報を記載した書類を適宜作成することになります。

13 BEPS対応のために理解しておくべき移転価格事務運営指針参考事例集の事例（抜粋）

【事例1】（独立価格比準法を用いる場合）

≪ポイント≫
独立企業間価格の算定に当たり独立価格比準法が最も適切な方法と認められる事例

≪前提条件≫

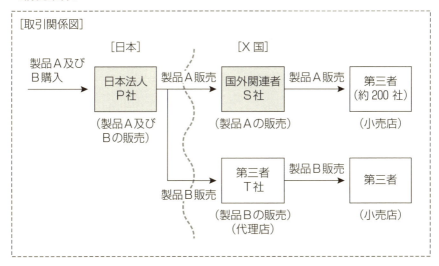

（法人及び国外関連者の事業概況等）

　日本法人P社は，製品A及び製品Bの販売会社であり，10年前に製品Aの販売子会社であるX国法人S社を設立した。

（国外関連取引の概要等）

　P社はS社に対して製品Aを販売し，S社はこれをX国内の第三者の小売店

約200社に販売している。

　P社は，S社の設立と同時期から，X国の第三者の代理店T社に製品Bを販売しており，T社はこれをX国内の小売店に販売している。製品Bは，製品AとP社内における製品区分（型番）は異なるが，性状，構造，機能等の面で同様の製品である。

（法人及び国外関連者の機能・活動等）

　P社が行うS社への製品Aの販売取引とT社への製品Bの販売取引（以下「両取引」という）においてP社が果たしている機能は，製品A及び製品Bを仕入れ，これをS社及びT社に販売するというものであるが，独自性のある活動は見られず，機能に差はない。また，いずれにおいても商標等は使用されていない。

（製品Aと製品Bの販売取引に係る契約条件等）

　両取引については，取引段階は同じであり，取引規模もおおむね同様である。また，両取引の契約条件（引渡条件，決済条件，製品保証，返品条件等）は，取引価格を除き同様である。

≪移転価格税制上の取扱い≫
（比較可能性分析に基づく検討）

　独立企業間価格の算定に当たっては，措置法第66条の4第2項の規定により最も適切な方法を事案に応じて選定する必要があることから，措置法通達66の4(2)-1，同66の4(3)-1，同66の4(3)-3，事務運営指針3-1等に基づく検討を行い，その結果は次のとおりである。

・P社及びS社ともに販売機能を果たしているが，その程度に大きな差は認められず，検証対象の当事者として両者のうちどちらを採用しても適切と認められる。
・P社がT社に製品Bを販売する取引から，独立価格比準法を適用する上での内部比較対象取引の候補を見いだすことができる。

- 公開情報からは，外部比較対象取引の候補を見いだすことができない。
- 製品Aと製品Bは，P社内の製品区分が異なるだけで，性状，構造，機能等の面で同種の製品と認められる。
- 両取引において，P社が果たす機能等に差異は認められず，無形資産も使用されていない。
- 両取引において，契約条件は同様であり，契約条件の差異はないと認められる。
- S社及びT社はいずれもX国の小売店に対して製品を販売する卸売業者であり，両取引の取引段階は同様と認められる。また，両取引の取引規模はおおむね同様であり，製品A及び製品Bに係る価格規制等はない。
- P社において，製品A及び製品Bによる事業戦略の相違は認められない。

  (注) 再販売価格基準法，原価基準法及び取引単位営業利益法（それぞれ準ずる方法及び同等の方法を含む。）の適用においては，国外関連取引の当事者のいずれか一方の利益指標が検証されることになる。本事例集では，当該検証の対象となる国外関連取引の当事者を「検証対象の当事者」という。

（独立企業間価格の算定方法の選定）

　上記の検討結果から，P社がT社に製品Bを販売する取引については，独立価格比準法を適用する上での比較可能性が十分であると認められる。

　このため，本事例では，P社からS社への製品Aの棚卸資産の販売取引に対して，P社からT社への製品Bの販売に係る対価の額を用いる独立価格比準法を最も適切な方法として選定し，独立企業間価格を算定することが妥当と認められる。

≪解説≫

1　独立企業間価格の算定については，法定の算定方法（解説3の（参考1）参照。）のうち，国外関連取引の内容及び当該国外関連取引の当事者が果たす機能その他の事情を勘案して，当該国外関連取引が独立の事業者の間で通常の取引の条件に従って行われるとした場合に当該国外関連取引につき支払われるべき対価の額を算定するための最も適切な方法を選定することにより

行う必要がある（措置法第66条の4第2項）。したがって，最も適切な方法の選定における基本的な考え方は，国外関連取引ごとの個別の状況等に応じて独立企業原則に最も即した方法を見いだすものということができる。

独立企業原則の内容は，OECDモデル租税条約第9条第1項に規定されているが，その理念は比較可能な独立の事業者の間であれば得られたであろう取引の条件を参照して国外関連取引に係る利益を調整しようとするものであるから，最も適切な方法の選定は，国外関連取引に係る条件と比較可能な非関連者間取引に係る条件についての比較・検討（独立の事業者の間の取引条件に影響を与えるであろう要素に基づき国外関連取引の内容等を精査し，その結果を踏まえて国外関連取引と非関連者間取引との類似性の程度（比較可能性）に係る分析を行うもので，本事例集ではこれを「比較可能性分析」という。）を通じて行うことが不可欠であることに留意する必要がある（事務運営指針3-1）。

比較可能性分析においては，比較対象取引の選定に係る作業を行い，比較対象取引の有無を検討することとなるが，当該作業を適切に行うためには，あらかじめ国外関連取引の内容等を十分に理解し，比較を行うための諸要素（措置法通達66の4(3)-3に掲げる諸要素）について的確に把握しておく必要があり，国外関連取引に係る資産の種類・役務の内容，国外関連取引において当事者が果たす機能等に対する事前の十分な検討が重要となる。

［参考］OECDモデル租税条約第9条第1

項次のa又はbに該当する場合であって，そのいずれの場合においても，商業上又は資金上の関係において，双方の企業の間に，独立の企業の間に設けられる条件と異なる条件が設けられ，又は課されているときは，その条件がないとしたならば一方の企業の利得となったとみられる利得であってその条件のために当該一方の企業の利得とならなかったものに対しては，これを当該一方の企業の利得に算入して租税を課することができる。

a　一方の締約国の企業が他方の締約国の企業の経営，支配又は資本に直

接又は間接に参加している場合，又は，
b 同一の者が一方の締約国の企業および他方の締約国の企業の経営，支配又は資本に直接又は間接に参加している場合

2 上述のとおり，独立企業間価格の算定方法については，独立企業原則に配意しつつ，国外関連取引の内容及び当該国外関連取引の当事者が果たす機能その他の事情を勘案して，独立企業間価格を算定するための最も適切な方法を事案に応じて選定することになる。この勘案する事項の具体的内容としては，国外関連取引及び非関連者間取引に係る措置法通達66の4(3)-3に掲げる諸要素のほか，①独立企業間価格の算定における各算定方法の長所及び短所，②国外関連取引の内容及び当該国外関連取引の当事者が果たす機能等に対する各算定方法の適合性，③各算定方法を適用するために必要な情報の入手可能性，④国外関連取引と非関連者間取引との類似性の程度の4つ（解説3の（参考2）参照。）が挙げられる（措置法通達66の4(2)-1）。

独立企業間価格の算定方法の選定に当たっては，比較対象取引を用いる算定方法が採りうるのか，採りうるとしてどのような非関連者間取引が比較対象取引として適切か等につき，国外関連取引及び非関連者間取引に係る情報や上記①から④までの点を勘案して，次の図1のような手順により比較可能性分析を実施し，最も適切な方法を選定する。

第3編　移転価格文書作成マニュアル

[図1：独立企業間価格の算定方法の選定の流れ（比較可能性分析の例）]

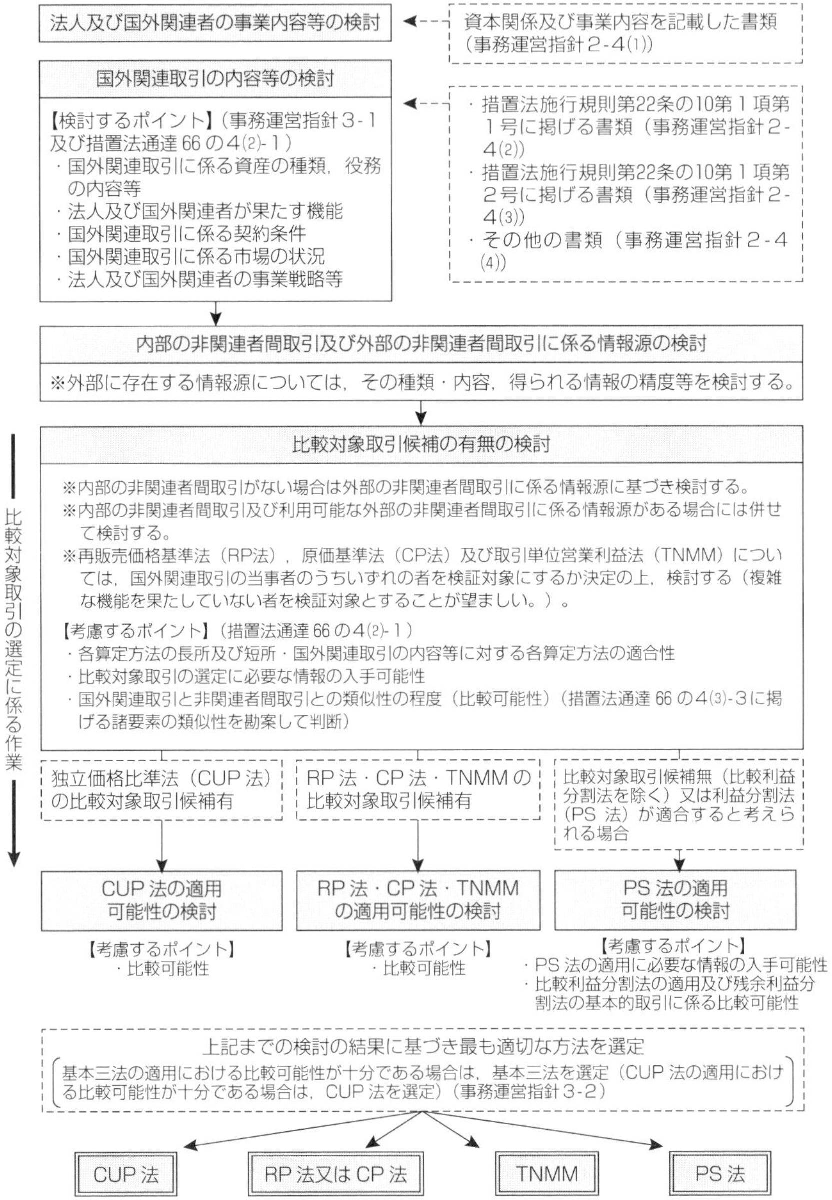

```
法人及び国外関連者の事業内容等の検討  ←---  資本関係及び事業内容を記載した書類
                                           （事務運営指針2-4(1)）

国外関連取引の内容等の検討
【検討するポイント】（事務運営指針3-1
及び措置法通達66の4(2)-1）           ←---  ・措置法施行規則第22条の10第1項第
・国外関連取引に係る資産の種類，役務           1号に掲げる書類（事務運営指針2-
　の内容等                                    4(2)）
・法人及び国外関連者が果たす機能            ・措置法施行規則第22条の10第1項第
・国外関連取引に係る契約条件                  2号に掲げる書類（事務運営指針2-
・国外関連取引に係る市場の状況                4(3)）
・法人及び国外関連者の事業戦略等            ・その他の書類（事務運営指針2-4
                                              (4)）
```

内部の非関連者間取引及び外部の非関連者間取引に係る情報源の検討

※外部に存在する情報源については，その種類・内容，得られる情報の精度等を検討する。

比較対象取引候補の有無の検討

※内部の非関連者間取引がない場合は外部の非関連者間取引に係る情報源に基づき検討する。
※内部の非関連者間取引及び利用可能な外部の非関連者間取引に係る情報源がある場合には併せて検討する。
※再販売価格基準法（RP法），原価基準法（CP法）及び取引単位営業利益法（TNMM）については，国外関連取引の当事者のうちいずれの者を検証対象にするか決定の上，検討する（複雑な機能を果たしていない者を検証対象とすることが望ましい。）。

【考慮するポイント】（措置法通達66の4(2)-1）
・各算定方法の長所及び短所・国外関連取引の内容等に対する各算定方法の適合性
・比較対象取引の選定に必要な情報の入手可能性
・国外関連取引と非関連者間取引との類似性の程度（比較可能性）（措置法通達66の4(3)-3に掲げる諸要素の類似性を勘案して判断）

↓　比較対象取引の選定に係る作業

| 独立価格比準法（CUP法）の比較対象取引候補有 | RP法・CP法・TNMMの比較対象取引候補有 | 比較対象取引候補無（比較利益分割法を除く）又は利益分割法（PS法）が適合すると考えられる場合 |

| CUP法の適用可能性の検討 | RP法・CP法・TNMMの適用可能性の検討 | PS法の適用可能性の検討 |

【考慮するポイント】　　　　【考慮するポイント】　　　　【考慮するポイント】
・比較可能性　　　　　　　　・比較可能性　　　　　　　　・PS法の適用に必要な情報の入手可能性
　　　　　　　　　　　　　　　　　　　　　　　　　　　　・比較利益分割法の適用及び残余利益分割法の基本的取引に係る比較可能性

上記までの検討の結果に基づき最も適切な方法を選定
（基本三法の適用における比較可能性が十分である場合は，基本三法を選定（CUP法の適用における比較可能性が十分である場合は，CUP法を選定）（事務運営指針3-2））

| CUP法 | RP法又はCP法 | TNMM | PS法 |

3　基本三法（特に独立価格比準法）は，独立企業間価格を直接的に算定することができるという長所を有する。したがって，最も適切な方法の選定に当たり，措置法通達66の4(2)-1の(1)から(4)までに掲げる点等を勘案して検討した結果，最も適切な方法の候補が複数ある場合において，独立価格比準法の適用における比較可能性が十分であるとき（国外関連取引と比較対象取引との差異について調整を行う必要がある場合は，当該調整を行うことができるときに限る。以下同じ）には，こうした長所を踏まえて独立価格比準法を選定し，また，独立価格比準法を選定することはできないが，再販売価格基準法又は原価基準法の適用における比較可能性が十分であるときには，同様の長所を踏まえて再販売価格基準法又は原価基準法を選定することになる（事務運営指針3-2）。

　なお，基本三法を適用する上での比較対象取引に該当するか判断するために必要な情報が得られない場合であっても，各算定方法の特徴（長所）に基づく情報の入手可能性などを勘案したときには，措置法第66条の4第2項第1号ニに掲げる基本三法に準ずる方法その他政令で定める方法（又はこれらの方法と同等の方法）を最も適切な方法として選定できる場合がある（基本三法に準ずる方法については以下の（参考3）参照。その他政令で定める方法については，【事例6】（取引単位営業利益法），【事例7】（寄与度利益分割法），【事例8】（残余利益分割法）参照。）。

[参考1] 独立企業間価格の算定方法

棚卸資産の売買取引	棚卸資産の売買取引以外の取引
【基本三法】 ①独立価格比準法 　（措置法第66条の4第2項第1号イ） ②再販売価格基準法 　（措置法第66条の4第2項第1号ロ） ③原価基準法 　（措置法第66条の4第2項第1号ハ）	【基本三法と同等の方法】 ①独立価格比準法と同等の方法 　（措置法第66条の4第2項第2号） ②再販売価格基準法と同等の方法 　（措置法第66条の4第2項第2号） ③原価基準法と同等の方法 　（措置法第66条の4第2項第2号）
【基本三法に準ずる方法】 ①独立価格比準法に準ずる方法 　（措置法第66条の4第2項第1号ニ） ②再販売価格基準法に準ずる方法 　（措置法第66条の4第2項第1号ニ） ③原価基準法に準ずる方法 　（措置法第66条の4第2項第1号ニ）	【基本三法に準ずる方法と同等の方法】 ①独立価格比準法に準ずる方法と同等の方法 　（措置法第66条の4第2項第2号） ②再販売価格基準法に準ずる方法と同等の方法 　（措置法第66条の4第2項第2号） ③原価基準法に準ずる方法と同等の方法 　（措置法第66条の4第2項第2号）
【その他政令で定める方法】 ①比較利益分割法 　（措置法施行令第39条の12第8項第1号（同号イに係る部分に限る）） ②寄与度利益分割法 　（措置法施行令第39条の12第8項第1号（同号ロに係る部分に限る）） ③残余利益分割法 　（措置法施行令第39条の12第8項第1号（同号ハに係る部分に限る）） ④取引単位営業利益法 　（措置法施行令第39条の12第8項第2号から第5号） ⑤①から④までの方法に準ずる方法 　（措置法施行令第39条の12第8項第6号）	【その他政令で定める方法と同等の方法】 ①比較利益分割法と同等の方法 　（措置法第66条の4第2項第2号） ②寄与度利益分割法と同等の方法 　（措置法第66条の4第2項第2号） ③残余利益分割法と同等の方法 　（措置法第66条の4第2項第2号） ④取引単位営業利益法と同等の方法 　（措置法第66条の4第2項第2号） ⑤左欄の⑤の方法と同等の方法 　（措置法第66条の4第2項第2号）

[参考２] 最も適切な方法の選定に当たり勘案する事項のうち，次の４つの点についての説明

(1) 独立企業間価格の算定における各算定方法（以下の説明において同等の方法を含む）の長所及び短所

　イ　独立価格比準法（Comparable Uncontrolled Price Method：CUP法）は，国外関連取引に係る価格と比較対象取引に係る価格を直接比較することから，独立企業間価格を算定する最も直接的な方法である。

　　他方，その適用において資産又は役務の内容についての厳格な同種性が求められるが，資産の性状，構造，機能等の違いについては，価格に影響を及ぼすことが客観的に明らかな場合が多く，かつ，こうした差異を調整することは一般的に困難である。また，取引の当事者が果たす機能の差異が価格に影響を及ぼす場合の調整も容易ではない。このため，独立価格比準法の適用においては，公開情報（有価証券報告書等の企業情報，企業の財務情報等が収録されたデータベース，業界団体情報などの外部情報等をいう。以下の事例において同じ。）から比較対象取引を見いだせない場合が多い。

　ロ　再販売価格基準法（Resale Price Method：RP法）及び原価基準法（Cost Plus Method：CP法）は，国外関連取引に係る売上総利益の水準と比較対象取引に係る売上総利益の水準を比較する方法であるが，販売価格が売上総利益と原価により構成され，売上総利益が価格と近接した関係にあることを考慮すると，独立価格比準法に次いで独立企業間価格を算定する直接的な方法といえる。

　　他方，売上総利益の水準については，資産又は役務それ自体の差異の影響を受けにくい一方で，取引の当事者が果たす機能の差異の影響を受けやすく，公開情報から比較対象取引を見いだせない場合が多い。

　ハ　取引単位営業利益法（Transactional Net Margin Method：TNMM）は，国外関連取引に係る営業利益の水準と比較対象取引に係る営業利益の水準を比較する方法であるが，営業利益は売上総利益のように価

格と近接した関係にはなく，独立企業間価格の算定は基本三法と比較して間接的なものとなる。

　他方，営業利益の水準も取引の当事者が果たす機能の差異によって影響を受けることがあるが，事業を行う場合に遂行される機能の差異は，一般的に機能の遂行に伴い支出される販売費及び一般管理費（以下「営業費用」という。）の水準差として反映され，売上総利益の水準では大きな差があっても営業利益の水準では一定程度均衡すると考えられることから，取引の当事者が果たす機能に差異があっても調整が不要となる場合がある。したがって，取引単位営業利益法は，基本三法よりも差異の影響を受けにくい方法ということができ，公開情報から比較対象取引を見いだすことができる場合が多くなる。

　このため，国外関連取引と非関連者間取引との間に措置法施行令第39条の12第8項第2号から第5号までに規定する割合（利益指標）の算定に影響を及ぼすことが客観的に明らかな差異が認められない限り，当該非関連者間取引は取引単位営業利益法を適用する上での比較対象取引として採りうることに留意する必要がある。

　上記のような特徴から，取引単位営業利益法の適用においては，企業単位の事業において非関連者が果たす機能と国外関連取引の当事者が果たす機能との類似性が高く，利益指標の算定に影響を及ぼすことが客観的に明らかな機能の差異が認めらない場合に，当該事業を当該国外関連取引に対応する一の取引とみなして比較対象取引の選定を行える場合がある。

　なお，価格や売上総利益の水準よりも営業利益の水準に対して影響を及ぼす可能性のある要因（経営の効率性に係る差異等）が存在する場合があることから，取引単位営業利益法の適用を検討する場合には，こうした点にも留意する。

二　利益分割法（Profit Sprit Method：PS法）は，比較対象取引を見いだせない場合などに有用な方法であるが，分割対象利益等の計算や

分割要因を特定するために必要な財務情報等を入手できない場合には適用できない。

利益分割法には，比較利益分割法，寄与度利益分割法及び残余利益分割法の3つの類型があり，上記以外の特徴はそれぞれ次のとおりである。

・比較利益分割法

比較利益分割法は，国外関連取引と類似の状況の下で行われた非関連者間取引に係る非関連者間の分割対象利益等に相当する利益の配分割合を用いて，当該国外関連取引に係る分割対象利益等を法人及び国外関連者に配分することにより独立企業間価格を算定する方法である。

・寄与度利益分割法

寄与度利益分割法は，国外関連取引に係る分割対象利益等を，その発生に寄与した程度を推測するに足りる国外関連取引の当事者に係る要因に応じてこれらの者に配分することにより独立企業間価格を算定する方法であり，比較対象となる非関連者間取引を見いだす必要がないことから，国外関連取引が高度に統合されているような場合において，比較利益分割法よりも適用可能性は高まる。

・残余利益分割法

残余利益分割法は，国外関連取引の両当事者が独自の機能を果たすことにより（例えば，国外関連取引の両当事者が無形資産を使用して独自の機能を果たしている場合），当該国外関連取引においてこれらの者による独自の価値ある寄与が認められる場合において，分割対象利益等のうち基本的利益を国外関連取引の両当事者にそれぞれに配分し，当該分割対象利益等と当該配分をした基本的利益の合計額との差額である残余利益等（独自の価値ある寄与により発生した部分）を，残余利益等の発生に寄与した程度を推測するに足りる要因に応じてこれらの者に配分し，独立企業間価格を算定する方

法である。この方法では，分割対象利益等を基本的利益と残余利益等とに分けて二段階の配分を行うことになるが，残余利益等に係る分割要因を測定することが困難な場合がある。

なお，国外関連取引の一方の当事者が単純な機能のみを果たしている場合には，通常は残余利益分割法よりも当該一方の当事者を検証対象とする算定方法の選定が適切となる。

⑵　国外関連取引の内容及び当該国外関連取引の当事者が果たす機能等に対する各算定方法の適合性

最も適切な方法を選定する際には，国外関連取引の内容や国外関連取引の当事者が果たす機能等に照らし，これらに適合する算定方法を選定する必要がある。このため，比較可能性分析においては，各算定方法（以下の説明において同等の方法を含む。）につき，例えば，次のような点に留意して検討を行う。

なお，国外関連取引について，複数の取引を一の取引として独立企業間価格を算定することが合理的と認められる場合（措置法通達66の4⑷-1）には，合理的な取引単位に照らして算定方法の検討を行うことに留意する。

　イ　独立価格比準法においては，国外関連取引に係る資産又は役務と同種の非関連者間取引に係る資産又は役務を見いだす必要がある。

　ロ　再販売価格基準法，原価基準法及び取引単位営業利益法を適用するための比較対象取引の選定においては，資産や役務の類似性よりも，国外関連取引の当事者が果たす機能の類似性が重要となる。

また，上記の3つの方法について検討する際には，法人及びその国外関連者のうち，どちらを検証対象の当事者とするか決定する必要があるが，比較可能性が十分な非関連者間取引を見いだす観点からは，機能分析に基づき，より単純な機能を果たすと認められる方を検証対象の当事者とすることが望ましい。

なお，取引単位営業利益法については，その適用に係る利益指標が

3つ（措置法施行令第39条の12第8項第2号に規定する割合（売上高営業利益率），同項第3号に規定する割合（総費用営業利益率）並びに同項第4号及び第5号に規定する割合（営業費用売上総利益率））あることから，どの利益指標を用いることが適切か検討する必要がある。

　ハ　利益分割法については，法人及びその国外関連者が，例えば，無形資産を有していることにより，国外関連取引において，基本的な活動のみを行う法人（【事例8】《移転価格税制上の取扱い》参照。）よりも高い利益を獲得している場合には，無形資産の個別性や独自性により比較対象取引が得られず，こうした高い利益を当該無形資産による寄与の程度に応じて当該法人及びその国外関連者に配分することが適切となる場合がある。

　なお，取引が連鎖することにより国外関連取引に関わる関連者が複数ある場合（【事例16】参照。）に利益分割法を適用する際は，分割対象利益等の配分の対象とする当事者の範囲を適切に定める必要がある。

(3)　各算定方法を適用するために必要な情報の入手可能性

　各算定方法を適用するために必要な非関連者間取引等の情報の入手可能性については，国外関連取引の当事者の内部及び外部に存在する情報それぞれに関し，比較可能性分析において，各算定方法（以下の説明において同等の方法を含む。）につき，例えば，次の点に留意して検討する必要がある。また，非関連者間取引に係る外部情報については，上記(1)のとおり各算定方法に応じた入手可能性が予測できることから，比較可能性分析ではこの点を踏まえて，比較対象取引候補の有無に係る検討を効率的に実施する。

　なお，再販売価格基準法，原価基準法又は取引単位営業利益法を最も適切な方法として選定する場合には，国外関連取引に係る検証対象の当事者の財務情報が必要となることに留意する。

　イ　独立価格比準法においては，国外関連取引の対象資産又は役務と同

種の資産又は役務に係る非関連者間取引情報が入手できるかどうか。また，当該国外関連取引の取引条件等と当該非関連者間取引の取引条件等との間に，価格に影響を及ぼすことが客観的に明らかな差異が認められる場合において，当該差異により生じる対価の額の差を調整するために必要な情報を入手できるかどうか。

ロ　再販売価格基準法，原価基準法及び取引単位営業利益法においては，国外関連取引の対象資産又は役務と同種又は類似の資産又は役務に係る非関連者間取引のうち，検証対象の当事者の果たす機能と類似の機能を果たす非関連者の当該非関連者間取引における売上総利益又は営業利益に係る情報を入手できるかどうか。また，当該検証対象の当事者の果たす機能等と当該非関連者が果たす機能等との間に売上総利益又は営業利益の水準に影響を及ぼすことが客観的に明らかな差異が認められる場合において，当該差異により生じる売上総利益又は営業利益の水準の差を調整するために必要な情報を入手できるかどうか。

ハ　利益分割法においては，分割対象利益等の計算や分割要因を特定するために必要な財務情報等を入手できるかどうか。

(4)　国外関連取引と非関連者間取引との類似性の程度

非関連者間取引について，比較対象取引又は残余利益分割法の適用において基本的利益を計算する場合に用いる取引（基本的取引）として選定するためには，当該非関連者間取引と国外関連取引との類似性の程度（比較可能性）が十分である必要があり（措置法通達66の4(3)-1），比較可能性については，措置法通達66の4(3)-3に掲げる諸要素の類似性を勘案して判断することとなる（措置法通達66の4(3)-3）。

なお，国外関連取引と比較対象取引又は基本的取引との間に差異があり，当該差異により生じる対価の額等の差について，必要な調整を加える必要がある場合には，事務運営指針3-3を踏まえて適切な調整を行うことに留意する。

[参考３] 基本三法に準ずる方法

　基本三法に準ずる方法は，基本三法の考え方から乖離しない限りにおいて，取引内容に適合した合理的な方法を採用する途を残したものと解されている。

　法令の規定に従って基本三法を適用した場合には比較対象取引を見いだすことが困難な国外関連取引について，その様々な取引形態に着目し，合理的な類似の算定方法とすることで比較対象取引を選定できる場合，あるいは，合理的な取引を比較対象取引とすることで独立企業間価格を算定できる場合があり，基本三法よりも比較対象取引の選定の範囲を広げ得ることから，基本三法に準ずる方法を適用する可能性も念頭におき，比較可能性の検討を行う必要がある。

　また，基本三法に準ずる方法は，基本三法において比較対象取引として求められる比較可能性の要件（措置法通達66の４(3)-3に掲げる諸要素の類似性）まで緩めることを認めるものでなく，当該要件を満たしていない取引については，基本三法に準ずる方法においても比較対象取引として用いることができないことに留意する必要がある。

[基本三法に準ずる方法の例]
(1)　国外関連取引と比較可能な実在の非関連者間取引が見いだせない場合において，商品取引所相場など市場価格等の客観的かつ現実的な指標に基づき独立企業間価格を算定する方法
(2)　国外関連取引に係る棚卸資産の買手が，特殊の関係にある者（以下「関連者」という。）を通じて非関連者に当該棚卸資産を販売した場合において，まず非関連者に販売した当該棚卸資産の価格から再販売価格基準法を適用する場合の通常の利潤の額を控除して当該買手から当該関連者への販売価格を算定し，これに基づき，国外関連取引に係る独立企業間価格を算定する方法
(3)　国外関連取引に係る棚卸資産の買手が当該棚卸資産を用いて製品等の製造をし，これを非関連者に販売した場合において，当該製品等のそ

非関連者に対する販売価格から再販売価格基準法を適用する場合の通常の利潤の額のほかに、例えば、当該製品等に係る製造原価（当該国外関連取引に係る棚卸資産の対価の額を除く。）や当該製品等の製造機能に見合う利潤の額を控除して独立企業間価格を算定する方法

(4) 他社から購入した製品と自社製品をセットにして国外関連者に販売した場合において、例えば、独立価格比準法と原価基準法を併用して独立企業間価格を算定する方法

(5) 基本三法を適用する上での比較対象取引が複数ある場合において、それらの取引に係る価格又は利益率等の平均値等を用いて独立企業間価格を算定する方法

(注) 国外関連取引に係る比較対象取引が複数存在し、当該比較対象取引に係る価格又は利益率等（国外関連取引と比較対象取引との差異について調整を行う必要がある場合は、当該調整を行った後のものに限る。）が形成する一定の幅の外に当該国外関連取引に係る価格又は利益率等がある場合の独立企業間価格の算定に当たっては、原則として当該幅に係る価格又は利益率等の平均値を用いるが、当該比較対象取引に係る価格又は利益率等の分布状況等に応じた合理的な値が他に認められる場合は、その値を用いる（事務運営指針3-5）。

4　上述のとおり、比較可能性分析においては、国外関連取引の内容等を精査した結果に基づいて比較対象取引の選定に係る作業を行うのであるが、一般的には、内部比較対象取引又は外部比較対象取引の有無について、法人又は国外関連者の取引資料等の内部情報のほか、公開情報を基に検討することとなる。

　比較対象取引として選定するためには、国外関連取引の種類ごとに、措置法通達66の4(3)-1（比較対象取引の意義）、同66の4(7)-2（有形資産の貸借の取扱い）、同66の4(7)-4（金銭の貸付け又は借入れの取扱い）、同66の4(7)-5（役務提供の取扱い）又は同66の4(7)-6（無形資産の使用許諾等の取扱い）に基づいて検討する必要があり、さらに、比較対象取引に該当するか否かにつき国外関連取引と非関連者間取引との類似性の程度（比較可能性）を判断する場合には、同66の4(3)-3（比較対象取引の選定に当たって検討

すべき諸要素）に示されている諸要素の類似性を勘案することになる。

　また，法人又は国外関連者が無形資産の使用を伴う国外関連取引を行っている場合には，措置法通達66の4(3)-3の（注）1の売手又は買手の使用する無形資産に特に着目して比較可能性の検討を行う必要がある。この場合において，比較対象取引の選定に当たり，無形資産の種類，対象範囲，利用態様等の類似性について検討を行うことに留意する（事務運営指針3-4）。

　なお，比較対象取引の選定に係る作業において，内部比較対象取引については，取引に関する情報を法人又は当該法人の関連者が有していることから，比較対象取引に該当するかどうかの判断は比較的容易な場合が多いと考えられる。

　比較対象取引の選定は，通常可能な範囲において通常の情報入手のための努力を行って検討を行うこととなるが，必要な情報の収集において公開情報がない，国外の情報であるなどの一定の制約があることにも留意する必要がある。

　比較対象取引の選定に係る手順としては，例えば，次の図2と図3のとおりである。

参考：比較対象取引候補のスクリーニング（選別作業）

　一般的に比較対象取引を選定するためには，図2に記載されているような点を考慮に入れて，比較対象取引の候補となる非関連者間取引に係る情報を収集し，収集した比較対象取引候補に対してスクリーニングを実施することになる。

　なお，スクリーニングにおいては，個々の事案の状況に応じ，図3に記載されているような定量的基準や定性的基準を定め，一定の基準に満たないものは比較可能性が不十分として比較対象取引候補から除外していく手順が一般的に採られる。

[図２：比較対象取引の選定に係る作業において考慮する点（例）]

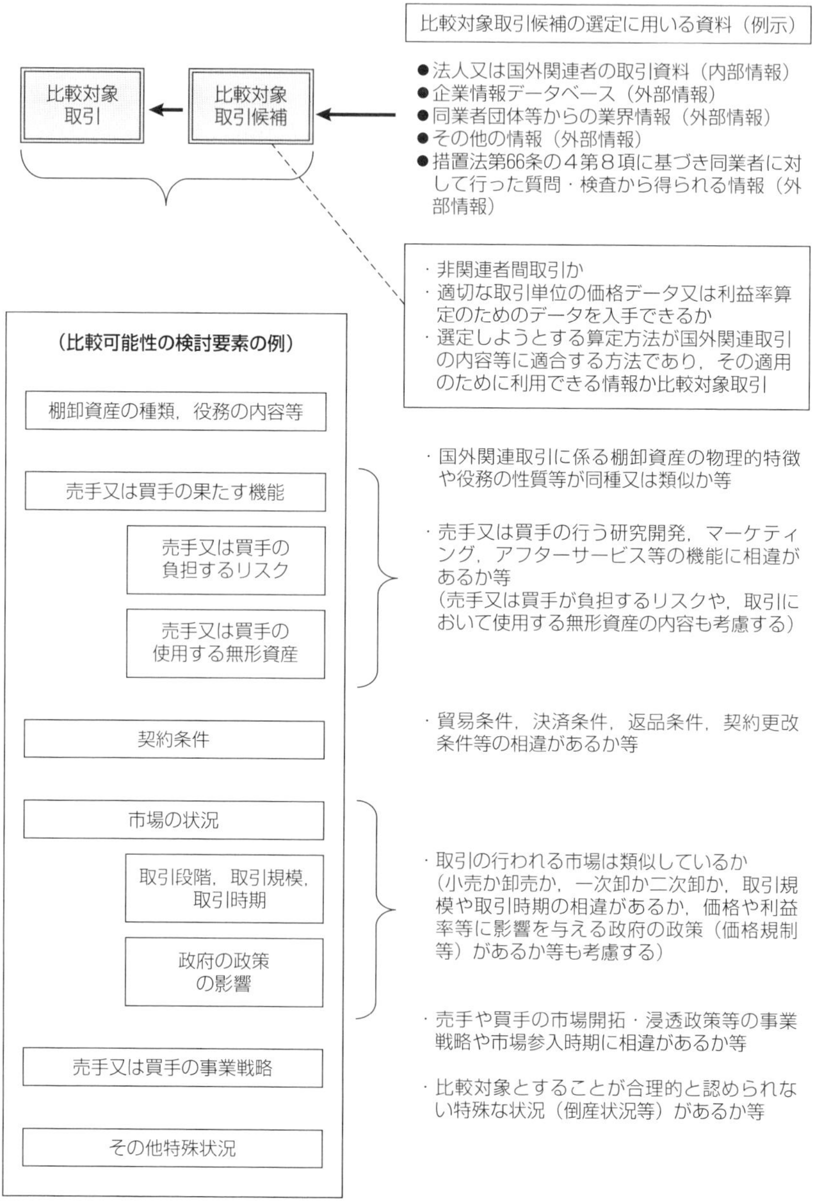

比較対象候補の選定に用いる資料（例示）
- 法人又は国外関連者の取引資料（内部情報）
- 企業情報データベース（外部情報）
- 同業者団体等からの業界情報（外部情報）
- その他の情報（外部情報）
- 措置法第66条の４第８項に基づき同業者に対して行った質問・検査から得られる情報（外部情報）

比較対象取引候補 → 比較対象取引

- 非関連者間取引か
- 適切な取引単位の価格データ又は利益率算定のためのデータを入手できるか
- 選定しようとする算定方法が国外関連取引の内容等に適合する方法であり、その適用のために利用できる情報か比較対象取引

（比較可能性の検討要素の例）

棚卸資産の種類、役務の内容等
・国外関連取引に係る棚卸資産の物理的特徴や役務の性質等が同種又は類似か等

売手又は買手の果たす機能
売手又は買手の負担するリスク
売手又は買手の使用する無形資産
・売手又は買手の行う研究開発、マーケティング、アフターサービス等の機能に相違があるか等
（売手又は買手が負担するリスクや、取引において使用する無形資産の内容も考慮する）

契約条件
・貿易条件、決済条件、返品条件、契約更改条件等の相違があるか等

市場の状況
取引段階、取引規模、取引時期
政府の政策の影響
・取引の行われる市場は類似しているか
（小売か卸売か、一次卸か二次卸か、取引規模や取引時期の相違があるか、価格や利益率等に影響を与える政府の政策（価格規制等）があるか等も考慮する）

売手又は買手の事業戦略
・売手や買手の市場開拓・浸透政策等の事業戦略や市場参入時期に相違があるか等

その他特殊状況
・比較対象とすることが合理的と認められない特殊な状況（倒産状況等）があるか等

[図3：比較対象取引候補のスクリーニング例]

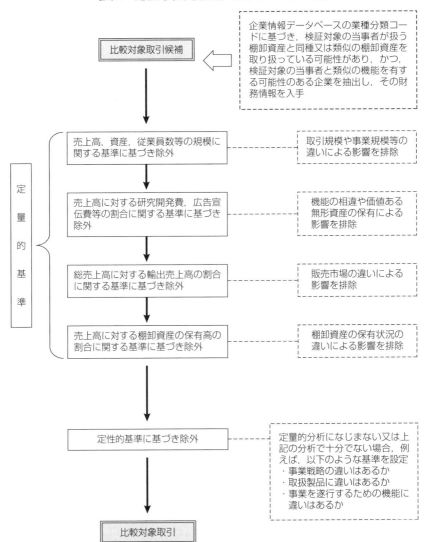

5 最も適切な方法として選定した算定方法に基づき独立企業間価格を算定するに当たり，比較可能性が十分な非関連者間取引（比較対象取引）が複数存在し，独立企業間価格が一定の幅を有する場合がありうる。こうした場合において，当該幅の中に当該国外関連取引の対価の額があるときは，移転価格課税の対象とはならない（措置法通達66の4(3)-4）。

　他方，移転価格税制上の問題の有無を判断するための要素の一つとして，比較対象取引の候補と考えられる取引に係る利益率等の範囲内に，国外関連取引に係る利益率等があるかどうかを検討することがあるが（事務運営指針2-2(1)），これらの比較対象取引の候補と考えられる取引は，十分なスクリーニングを行う前のものであることを考慮すると，事務運営指針2-2(1)に定める利益率等の範囲が相当の幅を有しているという場合もありうる。

　このため，事務運営指針2-2(1)の検討においては，必要に応じて四分位法によるレンジ等を活用することが適切な場合もあることに留意する。

　　（注）　一般的に四分位法によるレンジとは，総データの第1四分位と第3四分位から成る幅をいう。

6 多様な要因により決定される取引価格の妥当性を問題とする移転価格税制の適正・円滑な運用のためには，検討対象とする取引価格の決定根拠や他の通常の取引価格についての情報，取引の相手方である国外関連者の果たす機能等に関する情報，最も適切な方法の選定理由等が納税者から適切に提示等されることが重要となるため，次の点について納税者に注意を喚起する必要がある（本事例以下の全ての事例においても同様。）。

・納税者が，独立企業間価格を算定するために必要と認められる書類として財務省令に定めるもの又はその写しについて，税務当局の求めに応じて遅滞なく提示又は提出しなければ，推定課税等の適用要件に該当することとなる（措置法第66条の4第6項・第8項，措置法施行規則第22条の10第1項）。

・納税者は，移転価格調査において，税務当局の求めに応じて独立企業間価格の算定に必要な国外関連者の保存する帳簿書類又はその写しの入手に努

める必要があり（同条第7項），税務当局から求められた資料の内容が独立企業間価格の算定に必要な資料であって，税務当局の求めに応じて遅滞なく提示又は提出されなければ，推定課税等の適用要件に該当するものと解されている。

他方，納税者の確定申告の基礎となった事務運営指針2-4に掲げる書類の検討に当たっては，必要な書類の提出等を求める場合や，納税者が選定した独立企業間価格の算定方法による算定結果が独立企業間価格と認められない場合等において，納税者に対し，その理由や調査の結果に基づき納税者が選定した方法に代えて適用する独立企業間価格の算定方法の内容等について十分説明し，納税者の理解を得ていくことに努めることに配意する必要がある。

【事例8】（残余利益分割法を用いる場合）

≪ポイント≫
独立企業間価格の算定に当たり再販売価格基準法が最も適切な方法と認められる事例

≪前提条件≫

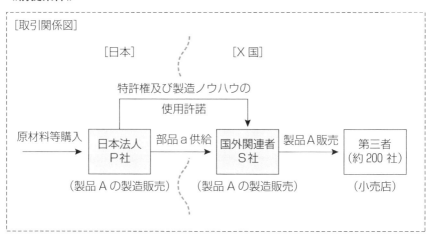

（法人及び国外関連者の事業概況等）

　日本法人P社は，製品Aの製造販売会社であり，10年前に製品Aの製造販売子会社であるX国法人S社を設立した。

　製品Aは，P社の研究開発活動の成果である独自技術が用いられて製造された製品である。

（国外関連取引の概要等）

　P社は，S社に対して製品A用の部品a（P社の独自技術が集約された主要部品）を販売するとともに，製品Aの製造に係る特許権及び製造ノウハウ（P社の研究開発活動により生み出された独自技術）の使用許諾を行っている。

S社は，部品 a に他の部品を加えて製品Aの製造を行い，X国の第三者の小売店約200社に対して販売している。

(法人及び国外関連者の機能・活動等)

S社には研究開発部門はなく，S社が行う製品Aの製造は，P社から供与された独自技術に基づいて行われている。

一方，S社は，多数の営業担当者を配置し，小売店や最終消費者向けに独自の広告宣伝・販売促進活動を行っている。

製品Aは，製品そのものの独自の技術性能のほか，広告宣伝・販売促進活動を通じた高い製品認知度や充実した小売店舗網等により，X国において一定のマーケットシェアを確保するとともに，概ね安定した価格で販売されている。

≪移転価格税制上の取扱い≫

（比較可能性分析に基づく検討）

独立企業間価格の算定に当たっては，措置法第66条の4第2項の規定により最も適切な方法を事案に応じて選定する必要があることから，措置法通達66の4(2)-1，同66の4(3)-1，同66の4(3)-3，事務運営指針3-1等に基づく検討を行い，その結果は次のとおりである。

・P社がS社に対して使用許諾する特許権等は，P社の研究開発活動によって生み出された独自技術であり，また，販売する部品 a もこの独自技術を用いて製造された部品であるから，国外関連取引においてP社による独自の価値ある寄与が認められる。

　収集できる範囲の情報からは，独立価格比準法（又はこれと同等の方法）並びにP社を検証対象の当事者とする原価基準法及び取引単位営業利益法（又はこれらと同等の方法）を適用する上での比較対象取引の候補を見いだすことができない。なお，これらの方法に準ずる方法を適用する上での比較対象取引の候補は見いだすことができない。

・S社は，広告宣伝・販売促進活動によって形成された，「基本的活動のみを行う法人」（注）よりも高い製品認知度や充実した小売店舗網を用いて事業

を行っており，国外関連取引においてS社による独自の価値ある寄与が認められる。

　収集できる範囲の情報からは，こうしたS社の取引と同様の条件下で行われている非関連者間取引を把握することができず，S社の販売取引に係る再販売価格基準法及び取引単位営業利益法を適用する上での比較対象取引の候補を見いだすことができない。なお，これらの方法に準ずる方法を適用する上での比較対象取引の候補は見いだすことができない。

・部品aの販売取引と特許権及び製造ノウハウの使用許諾取引は一体として行われていると認められる。また，S社の国外関連取引に係る損益については，部品aの販売取引と特許権及び製造ノウハウの使用許諾取引の別に区分して切り出すことができない。

　　(注) 本事例集においては，国外関連取引の事業と同種の事業を営み，市場，事業規模等が類似する法人のうち，基本的な製造・販売等の活動だけでは生み出すことができない利益の発生に貢献する独自の機能を果たしていない法人を「基本的活動のみを行う法人」とする。
　　　なお，本事例以下の事例における，「高い」製品認知度，「充実した」小売店舗網，「独自」の技術，「低い」製造原価，等の表現は，すべて基本的活動のみを行う法人との比較において用いている。

(独立企業間価格の算定方法の選定)

　上記の検討結果から，P社の研究開発活動及びS社の広告宣伝・販売促進活動により形成された無形資産が，基本的活動のみを行う法人との比較においてP社及びS社の国外関連取引に係る所得の源泉になっており，国外関連取引においてP社及びS社による独自の価値ある寄与が認められることから，本事例においては，残余利益分割法に準ずる方法を最も適切な方法として選定し，独立企業間価格を算定することが妥当と認められる。

≪解説≫

1　独立企業間価格の算定方法の選定及び比較可能性分析を行う場合並びに国外関連取引に無形資産が使用されている場合の留意点等については，【事例

1】解説参照。
2 基本三法に準ずる方法(基本三法に準ずる方法と同等の方法を含む。)に関しては,【事例1】解説参照。
3 無形資産は,その独自性・個別性(いわゆるユニークさ)により基本的活動のみを行う法人に比較して経済競争上の優越的な立場をもたらし得るという特徴を有しているために,無形資産が関係する国外関連取引に係る比較対象取引を選定することは困難な場合が多い。

このため,法人及び国外関連者の双方が無形資産を使用する等により,双方による独自の価値ある寄与が認められる場合において,残余利益分割法の選定が適切となるときがある。

参考:残余利益分割法に準ずる方法について

利益分割法は,法人及び国外関連者による国外関連取引に係る棚卸資産の取得及び販売によりこれらの者に生じた所得の合計額を配分の対象として独立企業間価格を算定する方法である(措置法施行令第39条の12第8項第1号)。したがって,本事例のように,棚卸資産の販売取引にそれ以外の取引を加え,これらを一の取引として独立企業間価格の算定を行う場合において,残余利益分割法と同様の考え方で利益分割法を用いる方法は,残余利益分割法に準ずる方法(同項第4号)となる。

なお,上記のほか,残余利益分割法に準ずる方法として,例えば次の例が挙げられる。

・基本的取引が複数ある場合に,当該基本的取引に係る利益指標の平均値等に基づき計算した基本的利益に相当する金額を用いて,残余利益分割法と同様の考え方で利益分割法を用いる方法
・国外関連取引に係る棚卸資産の買手が当該棚卸資産を他者に賃貸している場合に,当該買手の当該棚卸資産の賃貸に係る所得と,当該棚卸資産の売手の当該棚卸資産の販売に係る所得との合計額を配分の対象とし,残余利益分割法と同様の考え方で利益分割法を用いる方法

・国外関連取引に係る棚卸資産の買手が当該棚卸資産を関連者に販売した場合に，当該関連者を検証対象の当事者とする取引単位営業利益法に準ずる方法を用いて算定した当該買手の当該棚卸資産の販売に係る所得と，当該棚卸資産の売手の当該棚卸資産の販売に係る所得との合計額を配分の対象とし，残余利益分割法と同様の考え方で利益分割法を用いる方法

【事例24】（複数年度の考慮）

≪ポイント≫

複数年度の市況を検討した上で単年度ごとに独立企業間価格の算定を行う事例

≪前提条件≫

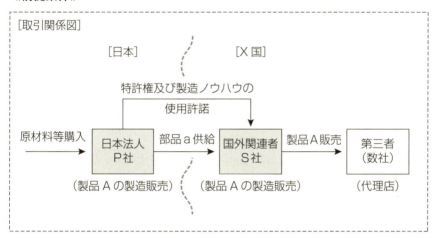

（法人及び国外関連者の事業概況等）

　日本法人P社は，製品Aの製造販売会社であり，10年前に製品Aの製造販売子会社であるX国法人S社を設立した。

　製品Aは，P社の研究開発活動の成果である独自技術が用いられて製造された製品である。

（国外関連取引の概要等）

　P社は，S社に対して製品A用の部品a（P社の独自技術が集約された主要部品）を販売するとともに，製品Aの製造に係る特許権及び製造ノウハウ（P社の研究開発活動により生み出された独自技術）の使用許諾を行っている。

　S社は，部品aに他の部品を加えて製品Aの製造を行い，X国の第三者の代

理店数社に対して販売している。
(法人及び国外関連者の機能・活動等)
　P社の研究開発の成果である製品Aは，その独自の技術性能が売上の拡大をもたらし，X国において一定のマーケットシェアを確保している。
　S社は，研究開発機能を有しておらず，また，独自性のある広告宣伝・販売促進活動も行っていない。
(製品市場の状況等)
　P社グループの属する製品A業界は世界的に需要の変動の大きい業界として知られ，需要変動によって各社の損益状況に一定のサイクルが生じると言われており，直近10期のS社の営業利益率の実績値及びX国の企業情報データベースから得られた製品A業界に属する企業の営業利益率を見ても一定のサイクルが認められる。直近10期におけるS社の営業利益率と製品A業界に属する企業の営業利益率の平均値を比較すると，単年度比較では，S社の方が製品A業界を概ね各年度で上回っており，直近10年の平均値ベースでも同様にS社の方が上回っている。
(その他)
　X国における企業財務情報開示制度では，原価項目の記載が必要とされていない（ただし，日本における営業利益に相当する項目は表示される。）。

≪移転価格税制上の取扱い≫

　S社の営業利益率は，市場の需要サイクルの影響を受けていると認められたが，直近10年のおおむね各年度において同じ業界に属する企業の利益水準を上回っており，複数年度の平均で見ても上回っていることから，P社とS社の間の国外関連取引には移転価格税制上の問題があり得ると認められる。
　そこで，独立企業間価格の算定方法の選定に当たり，比較可能性分析を行ったところ，基本三法及び基本三法に準ずる方法（これらと同等の方法を含む。）を適用する上での比較対象取引の候補を見いだすことができないが，公開情報から，機能が比較的単純なS社に係る営業利益ベースによる比較対象取引を把

握することができることから，本事例においては，取引単位営業利益法（取引単位営業利益法と同等の方法を含む。）を最も適切な方法として選定することが妥当と認められる（独立企業間価格の算定方法の選定及び比較可能性分析を行う場合に留意すべき点等については，【事例1】解説参照。）。

この場合，同じX国市場で活動する業界企業も同じ需要サイクルの下にあると認められることから，適切な比較対象取引を選定して同じ時期の財務データを用いる限り，取引単位営業利益法を適用する上で市場の需要のサイクルは特段考慮する必要はなく，単年度ごとに独立企業間価格を算定することが適当である。

≪解説≫

移転価格税制上の問題を検討するに当たっては，事務運営指針2-1に掲げる事項（法人と国外関連者の利益配分状況等）に配意するとともに，個々の取引実態に即した多面的な検討を行って移転価格税制上の問題の有無を判断し，効率的な調査展開を図ることとしている（事務運営指針2-2本文）。例えば，国外関連取引に係る棚卸資産等が一般的に需要の変化，製品のライフサイクル等により価格が相当程度変動することにより，各事業年度又は連結事業年度の情報のみで検討することが適切でないと認められる場合には，当該事業年度又は連結事業年度の前後の合理的な期間における当該国外関連取引又は比較対象取引の候補として考えられる取引の対価の額又は利益率等の平均値等を基礎として検討し，移転価格税制上の問題の有無を検討する際の書類として活用することとなる（事務運営指針2-2(2)）。これは事務運営指針2-2(1)の規定の取扱いにおいても同様である。

国外関連取引に相当の価格変動が認められる一方で，比較対象取引の候補と考えられる取引が一定の水準を保っているような場合や国外関連取引と異なる価格変動を示している場合には，国外関連取引や比較対象取引の候補と考えられる取引に係る複数年度の対価の額又は利益率等の平均値等を用いて移転価格税制上の問題があるか否かを検討する必要がある。

ただし，本事例のように，複数の比較対象取引の候補と考えられる取引が国外関連取引と概ね同様の価格変動を示している場合には，国外関連取引に係る市況サイクルについて特段考慮する必要はない。

　また，国外関連取引に係る製品のライフサイクルを特定することが可能な場合で，かつ，比較対象取引の候補と考えられる取引に係る製品のライフサイクルを公開情報から特定することが可能な場合には，それらも考慮に入れて検討する。

　なお，移転価格税制上の問題の有無の検討のため，その判断材料として複数年度の対価の額又は利益率等の平均値等を用いる場合であっても，移転価格税制上の問題があると判断されるときは，措置法第66条の4の定めに従い，移転価格税制上の問題が認められる事業年度のみについて，独立企業間価格の算定（課税）を行うことになる。

【事例28】(重要な前提条件)

≪ポイント≫

事前確認における重要な事業上または経済上の諸条件を付すことが妥当と認められる事例

≪前提条件≫

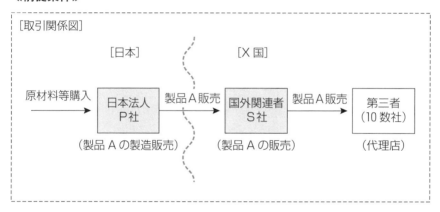

(法人及び国外関連者の事業概況等)

　日本法人P社は，製品Aの製造販売会社であり，10年前に製品Aの販売子会社であるX国法人S社を設立した。

　製品Aは，P社の研究開発活動の成果である独自技術が用いられて製造された製品である。

(国外関連取引の概要等)

　P社はS社に対して製品Aを販売し，S社は購入した製品Aを第三者の代理店10数社に販売している。

(法人及び国外関連者の機能・活動等)

　P社の研究開発の成果である製品Aは，その独自の技術性能が売上の拡大を

もたらし，X国において一定のマーケットシェアを確保している。

S社は，独自性のある広告宣伝・販売促進活動は行っていない。

(市況等)

製品A及びその類似製品は，世界的に市場価格の変動が激しいという特徴があり，市場価格の変動によって企業の損益状況も大きく変動する。また，この業界では売れ筋の製品の規格が急に変わることが多い。

なお，X国では，現在，会計制度の大きな見直しが進められており，今後大規模な改正が見込まれる。

(事前確認の申出の状況)

P社及びS社は，S社を検証対象の当事者とした取引単位営業利益法を独立企業間価格の算定方法とする相互協議を伴う事前確認の申出を両国の税務当局に行っている。なお，申出の内容（独立企業間価格の算定方法の選定や比較対象取引の選定等）については妥当と認められるものとする。

≪移転価格税制上の取扱い≫

本事例においては，将来の時点において市場価格が大きく変動したり，取扱製品の規格が変更されるような場合に，S社の利益率の実績値が大きく変動する可能性があるが，このような状況が生じた場合に，現時点での状況を基に確認した独立企業間価格の算定方法等をそのまま適用することは妥当でないと考えられる。また，会計制度の変更によりS社の利益率の計算方法が変更されると，S社の利益率の実績値と確認内容に基づく計算結果との間に乖離が生じ，実績値が事前確認の内容に適合しているかどうか判断できなくなる可能性が生じる。

本事例の事前確認審査においては，こうした事態に備え，確認対象事業年度において，①S社の売上高が現時点の状況から大きく乖離しないこと，②S社の取扱製品の内訳が大きく変化しないこと，③X国の会計制度が大きく変更しないこと等を，事前確認を行い，かつ，確認を継続する上で前提となる重要な事業上又は経済上の条件とする必要がある。

≪解説≫

　事前確認は，過去及び現在の国外関連取引に係る事業状況を踏まえ，将来年度の独立企業間価格の算定方法等として合理的と認められる場合に確認を行うものである。

　仮に，各確認対象事業年度において，市場価格の大きな変動など予測できない重要な状況の変化が生じた場合には，事前確認の前提とした条件が変わるため，事前確認をそのまま継続することが適当でなくなる場合がある。このため，事前確認においては，あらかじめ「事前確認を行い，かつ，事前確認を継続する上で前提となる事業上又は経済上の諸条件（以下「重要な前提条件」という）」を定めることとしており，そのために必要な資料を，事前確認の申出書に添付するよう求めている（事務運営指針5-3ハ）。

　重要な前提条件の設定については，事前確認の継続に影響を及ぼす要因をあらかじめ網羅的に決定しておくことが困難なため，「事業上又は経済上の諸条件に重大な変化がないこと」，あるいは「関係当事者の果たした機能等や使用した資産等に本質的な変更が生じないこと」といった一般的な設定をすることが多い。ただし，重要な前提条件として設定された要件に該当するかどうか明確に予測できるよう，「為替レートの一定幅以上の変動が生じないこと」等の，より具体的な条件が設定される場合もある。

　重要な前提条件に定める事情の変化が生じた場合には，当該状況の下で改めて独立企業間価格の算定方法等を検討する必要があり，確認法人は原則として事前確認の改定の申出を行う必要があるが（事務運営指針5-20），確認法人から改定の申出がない場合は，当該状況の発生した事業年度以後の事業年度に係る事前確認は取り消されることとなる（事務運営指針5-21(1)イ）。

　　（注）相互協議を伴う事前確認の場合，事前確認の改定には，税務当局間が相互協議を行い，当初と異なる独立企業間価格の算定方法等について合意する必要がある。

　なお，確認法人は確認事業年度ごとに「事前確認の前提となった重要な事業上又は経済上の諸条件の変動の有無に関する説明」を報告書に記載して提出する必要がある（事務運営指針5-17ハ）。

【執筆者紹介】

田村　敏明（たむら　としあき）
BDO税理士法人　パートナー。慶応義塾大学経済学部卒。名古屋国税局調査部国際調査課において海外取引調査および移転価格調査等を担当、2年間のニューヨーク長期出張を経て、2011年、国際調査課係長を最後に退職。その後、税理士法人トーマツおよびKPMG税理士法人において、移転価格税制および国際税務のアドバイザーとして活躍し、APA・移転価格文書化・移転価格プランニングを中心に豊富な経験を有する。2011年5月よりBDO税理士法人の移転価格担当パートナー。

【編集紹介】

BDO税理士法人（総括代表社員　長峰伸之（ながみね　のぶゆき））
BDO三優グループの税務部門として、2002年10月設立。国際税務に強い税理士法人として数多くのクライアントにサービスを提供している。世界5大会計事務所の一つであるBDO Internationalのメンバーファームでもある。BDO Internationalは約158カ国1,401事務所のネットワークを通じて、グローバルに事業を展開する企業へ長年にわたってサービスを提供している。移転価格の分野については、主要各国のメンバーファームにそれぞれ移転価格専門家が所属し、相互に連絡を取りながらグローバル企業へ各国移転価格税制に基づくサービスを提供している。

〒160-0023　東京都新宿区西新宿1-24-1　エステック情報ビル14階

BEPS対応
移転価格文書化ハンドブック

2018年4月10日　第1版第1刷発行

編　者　BDO税理士法人
発行者　山　本　　　継
発行所　㈱中央経済社
発売元　㈱中央経済グループ
　　　　パブリッシング

〒101-0051　東京都千代田区神田神保町1-31-2
電話　03（3293）3371（編集代表）
　　　03（3293）3381（営業代表）
http://www.chuokeizai.co.jp/
印刷／三英印刷㈱
製本／㈲井上製本所

Ⓒ 2018
Printed in Japan

＊頁の「欠落」や「順序違い」などがありましたらお取り替えいたしますので発売元までご送付ください。（送料小社負担）
ISBN978-4-502-24941-9　C3034

JCOPY〈出版者著作権管理機構委託出版物〉本書を無断で複写複製（コピー）することは、著作権法上の例外を除き、禁じられています。本書をコピーされる場合は事前に出版者著作権管理機構（JCOPY）の許諾を受けてください。
JCOPY〈http://www.jcopy.or.jp　eメール：info@jcopy.or.jp　電話：03-3513-6969〉